미국주식
으로
부자되기

미국주식으로 부자되기

초판 1쇄 발행 2021년 2월 3일
초판 4쇄 발행 2021년 2월 25일

지은이 김훈(미주부)

발행인 장상진
발행처 (주)경향비피
등록번호 제2012-000228호
등록일자 2012년 7월 2일

주소 서울시 영등포구 양평동 2가 37-1번지 동아프라임밸리 507-508호
전화 1644-5613 | **팩스** 02) 304-5613

ⓒ김훈

ISBN 978-89-6952-446-1 03320

돈 되는 미국주식   종목 찾는 방법

미국주식
으로
부자되기

아직도 주식을 감으로 하는가? 베팅이 아닌 투자를 해라.

미주부 김훈 지음

경향BP

저는 '미국주식으로 부자되기-미주부'라는 유튜브 채널을 운영하고 있고, 클래스101이라는 온라인 강의 플랫폼에서 미국 주식 클래스를 운영하고 있는 사업가입니다. 2004년에 400만 원으로 창업해서 회사를 40억 원의 기업가치에 상장사와 인수합병했습니다. M&A 금액으로 큰 딜은 아니지만 그래도 창업자금 400만 원으로 시작해서 기업가치를 40억 원으로, 즉 기업가치를 1,000배로 만드는 경험을 직접 해 봤습니다. 사업하는 과정에서 투자유치도 여러 번 받아 봤고, 제 회사를 코스피 상장사와 M&A하는 등 정말 값진 경험을 했습니다.

기업가치를 어떻게 올려야 하는지, 사업가로서 많은 고민을 해 보고 그런 과정에서 경쟁사 분석이나 경쟁사 재무제표 분석을 하면서 가치투자를 자연스럽게 배우게 됐습니다. 주식 투자로 돈을 벌려면 결국은 미래에 기업가치가 오를 수 있는 회사에 투자를 해야 합니다.

저는 이런 점에서 금융 전문가들과 다른 장점을 갖고 있다고 생각합니다.

왜냐하면 회사 자료만 들여다보고 이론적으로만 분석하는, 소위 말하는 금융 전문가들과 다르게 사업을 직접 경영하면서 수많은 위기를 극복해 오는 과정을 통해서 몸으로 체험하고 터득한 노하우가 있기 때문입니다. 지금은 주식 투자를 하면서 기업을 제대로 분석하고, 미래에 기업가치가 커질 회사를 찾는 데 제 경험과 능력을 발휘하고 있습니다. 당연히 좋은 성과가 나오고 있습니다.

좋은 성과 중 하나가 바로 제 유튜브 채널입니다. 채널을 만들고 2개월 만에 구독자가 11만 명이 넘었고, 6개월 만에 구독자 20만 명을 돌파했습니다.

"와… 전 미국에서 회계 전공으로 대학 나오고 회계사로 일하고 있는데, 여태 배운 그 어떤 강의보다 실용적이며 이해하기 쉽게 정리가 매우 잘돼 있네요!"

"지금까지 주식 투자 공부한 것 중 가장 실질적인 도움이 됩니다."

"회계학을 전공하고 회계 분야에 10년 넘게 종사하고 있는데 누가 저한테 이렇게 설명하라고 하면 절대 못할 것 같아요. 이해하기 쉽게 설명을 진짜 잘하시는 것 같아요."

이렇게 미국에서 회계를 전공하거나 회계 분야에서 10년 넘게 일하고 있는 사람들이 제 영상을 보고 지금까지 배운 그 어떤 강의보다 실용적이고 이해하기 쉽다는 말씀을 해 주십니다.

유튜브 채널을 운영하며 많은 주식 입문자와 소통하면서, 주식 공부는 해 보고 싶은데 책이나 주식 관련 강좌를 봐도 개념이 잘 안 잡히거나 어려워하는 사람이 많다는 것을 알게 됐습니다. 그래서 일상생활에서 접할 수 있는 쉬운 예를 들며, 기본 개념을 깨우칠 수 있도록 설명하고자 합니다.

그리고 이런 분들에게 이 책을 권합니다.

- 주식을 한 번도 해 보지는 않았지만 재테크를 해 보고 싶은 분
- 주식은 하고 있지만 남의 말만 듣고 투자하거나 감으로 투자하는 분
- 경제나 금융 쪽은 잘 모르고 관심도 없어서 '주식 투자로는 돈 벌수 없을 거야.'라고 생각하는 분
- 월급만으로는 부족해서 재테크는 하고 싶은데, 종잣돈이 없어서 부동산에 투자할 자금이 부족한 분

주식 투자는 절대 어려운 게 아닙니다. 전문가라는 사람들이 어렵게 설명하니까 어렵게 느껴지는 것뿐입니다. 이 책을 읽고 나면 '아, 이렇게 보는 거구나. 회사 분석을 이렇게 하는 거구나.', '내가 직접 해 볼 수 있는 거구나.', '나도 주식 투자로 돈 벌 수 있겠다.'는 생각을 하게 될 것입니다. 이 책을 통해서 동기부여와 자신감을 모두 얻게 될 것입니다.

미국 주식을 해야 하는 3가지 이유를 말씀드리겠습니다.

첫째, 미국은 한국보다 주식시장이 무려 20배 이상 더 큽니다.

둘째, 미래 성장성입니다. 과거 10년 데이터를 보면 한국의 코스피 지수는 성장이 없었지만 미국 주식시장은 꾸준히 성장하고 있습니다. 이렇게 한국 주식시장은 전체적인 성장이 없다 보니 일반인들은 유망한 회사를 찾기가 더 어렵고 주식을 단타 위주로만 하게 됩니다.

셋째, 훌륭한 배당 문화입니다. 미국은 주주 친화적인 배당 문화가 발달했습니다. 배당금을 50년 이상 꾸준히 올려 준 기업이 많습니다. 주식을 1주만 가지고 있어도 매달 월세처럼 꼬박꼬박 돈이 들어옵니다.

미국에는 앞으로 다가올 4차 산업혁명을 주도할 기업이 많습니다. 인공지능, 자율주행, 5G, 클라우드, IoT, 전기자동차, 자율주행과 같은 4차 산업혁명을 주도할 세계적인 기업들은 모두 미국 기업입니다. 이렇게 4차 산업혁명을 주도할 미국 기업에 대해 미리 공부하고 성장 가능성을 예측한다면 지금이 바로 우리가 부자가 될 수 있는 기회입니다.

월급만으로는 미래를 준비하기 부족합니다. 직장생활을 10년 해도 작은 오피스텔 하나 살 종잣돈을 만들기 쉽지 않습니다. 이 책을 통해서 주식 공부를 하면 성장성이 높은 회사를 찾아 배당수익을 월세처럼 챙기면서 월급노예에서 탈출하고, 경제적 자유가 있는 미래를 준비할 수 있습니다.

무엇보다 주식 투자를 위해 기업을 공부하고 분석하는 과정에서 미래 산업이나 경제 흐름을 알 수 있게 되고, 결국 어떻게 해야 돈을 벌 수 있는지를 알게 됩니다. 그 과정에서 자기 자신을 더 발전시킬 수 있습니다. 그리고 앞으로 다가올 미래에 내가 어떻게 해야 부자가 될 수 있겠다는 확신이 생기게 됩니다.

여러분도 미국 주식으로 부자가 될 수 있습니다.

미주부 김훈

차 례

지금
미국 주식을
시작해야
한다

미국 주식 투자가 좋은 이유

US STOCKS

미국 주식을 시작해야 하는 3가지 이유에 대해서 알아보겠습니다. 부동산에 투자하는 경우를 먼저 생각해 볼까요? 아파트를 산다고 가정하겠습니다. 부동산을 살 때는 많은 사항을 꼼꼼히 따지면서 살펴봅니다. 방이 몇 개이고, 구조가 어떻게 되어 있고, 주변에 지하철역은 있는지, 마트는 있는지 등 여러 가지를 보면서 시간을 투자합니다. 이렇게 여러 가지를 보는 가장 큰 이유는 무엇인가요? 앞으로 내가 산 아파트 가격이 오를지 알아보기 위해서 꼼꼼히 확인하고 부동산에 투자합니다.

그렇다면 주식 투자는 어떻게 해야 할까요? 어떤 회사에 투자하는지에 따라 다르겠지만, 돈 벌 확률이 높은 시장에 투자하는 것이 당연히 유리하겠죠? 미국 주식에 투자해야 하는 첫 번째 이유가 바로 여기에 있습니다. 앞으로 10년, 20년 뒤의 성장성입니다. 한국 주식시장과 미국 주식시장 중에서 어디가 더 오를 확률이 높을까요?

S&P500 지수 VS KOSPI 지수 비교

위 그래프는 한국 주식시장 전체 지수를 나타내는 KOSPI 지수와, 미국의 우량 기업 500개를 모아놓은 S&P500 지수의 과거 10년 변화를 보여 줍니다. S&P500 지수는 과거 10년 데이터만 봐도 꾸준히 성장하고 있습니다. 반면에 한국 주식시장 대표 지수인 KOSPI 지수는 10년 동안 성장성이 거의 없습니다. 10년 동안 박스권에서 오르락내리락 했습니다. 그래서 한국 KOSPI를 박스피라고 비꼬아서 얘기하기도 합니다.

이렇게 전체적인 시장 성장성이 없다 보니, 한국 주식을 할 때 조금만 수익이 나도 팔아 버리는 단타 문화가 당연하게 여겨지고 있습니다. 이런 단타 문화는 주식 투자가 아닌 주식 투기로, 주식에 대한 안 좋은 이미지까지 만들었습니다.

주식에 대해 이런 말을 하는 사람이 많습니다. "주식은 도박이다. 절대 하지 마라." 주식 투자는 도박이 아닌데 주식을 도박처럼 하니까 그렇게 인식되는 겁니다. 단순히 '과거 지표가 이렇게 성장성이 없으니, 미래도 성장성이 없을 거야.' 하는 단순한 논리는 아닙니다.

안타깝게도 한국은 분단국가입니다. 정치적인 문제에 주식시장이 예민하게 반응합니다. 한국의 지리적인 이유도 있습니다. 중국과 일본 그리고 미국 사이의 여러 이해관계에 영향을 많이 받습니다. 최근 몇 년만 봐도 중국 사드 문제, 일본과의 무역 갈등 문제로 기업이 피해를 입거나 주가가 하락하는 일이 있었습니다. 미·중 무역분쟁 때도 미국이나 중국 수출 의존도가 높은 한국은 역시 주가가 예민하게 반응할 수밖에 없습니다.

주요 국가의 자산 포트폴리오 비교

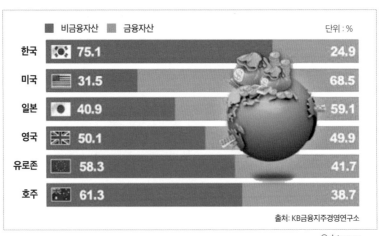

	비금융자산	금융자산
		단위 : %
한국	75.1	24.9
미국	31.5	68.5
일본	40.9	59.1
영국	50.1	49.9
유로존	58.3	41.7
호주	61.3	38.7

출처 : KB금융지주경영연구소

© datanews

한국인들은 돈이 있으면 부동산에 투자하지 주식에 투자하지 않습니다. 옆 페이지의 그림을 보면 한국인들은 자산의 70% 이상을 비금융자산, 즉 부동산에 주로 투자합니다. 금융자산 25% 중에서도 주식에 투자하는 비율은 5%가 되지 않습니다. 반면에 미국인들은 재산의 70%에 가까운 비율로 금융자산에 투자합니다. 부동산 같은 비금융자산에 투자하는 비율은 30% 정도밖에 되지 않습니다.

경제 뉴스를 보면서 이런 이야기를 들어 본 적이 한 번쯤은 있을 것입니다. "외국인이 빠져나가서 주식시장이 하락했다." 한국인들이

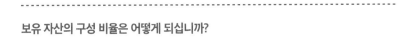

보유 자산의 구성 비율은 어떻게 되십니까?

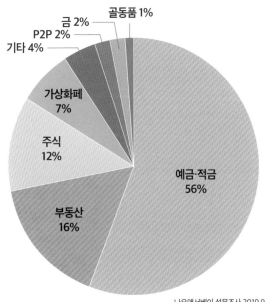

골동품 1%
금 2%
P2P 2%
기타 4%
가상화폐 7%
주식 12%
예금·적금 56%
부동산 16%

나우앤서베이 설문조사 2019.9.5.~2019.9.24.

이렇게 주식에 투자를 하지 않으니, 한국 주식시장은 외국인이 들어오면 오르고 나가면 빠지는 현상이 반복되는 것입니다. 정작 한국인들은 주식 투자를 하지 않으면서 왜 한국 주식시장은 안 오르느냐는 이야기를 합니다.

앞 페이지의 그림은 2019년 자료입니다. 한국 직장인들이 재테크를 어떻게 하는지 설문조사한 것입니다. 아무래도 직장인들은 부동산에 투자할 자금이 부족하니 적금이 56%로 제일 높습니다. 그 다음으로 16%가 부동산에 투자하고 있습니다. 역시 주식 투자는 12%로 비율이 낮습니다. 지금은 열기가 많이 가라앉았지만 가상화폐도 7%나 됩니다.

미국 주식을 시작해야 하는 두 번째 이유에 대해 이야기해 보겠습니다. 바로 월세처럼 받을 수 있는 배당금입니다. 미국은 전체 기업 중 80% 정도가 배당금을 지급합니다. 그리고 배당금을 꾸준히 올려 주는 기업이 많습니다.

옆 페이지의 표는 배당금을 25년 이상 매년 올려 준 미국 기업들입니다. 통신 회사인 AT&T는 현재 주가 30달러 기준으로 배당률(Dividend Yield)이 7%가 넘습니다. 배당금도 35년 동안 꾸준히 올려 주고 있습니다. 코카콜라도 56년간 배당금을 올려 주고 있습니다. P&G나 3M 같은 회사는 무려 60년 이상 배당금을 매년 올려 주고 있습니다. 이 회사들의 배당수익률은 은행 금리보다 훨씬 높습니다.

"요즘은 은행에 돈 넣어 놓으면 손해 보는 거다."라는 얘기까지 있습니다. 요즘 은행 금리는 너무 낮습니다. 대부분의 직장인은 부동산

25년 이상 매년 배당금을 올린 미국 기업

단위 : %(년)

업종	종목명	연간 배당수익률 (2018년 말)	배당금 연속 인상 기간
통신	AT&T	7.15	35
소비재(담배)	알트리아	6.48	49
에너지	엑슨모빌	4.81	36
식음료	펩시콜라	3.36	43
식음료	코카콜라	3.29	56
소비재	P&G	3.12	62
소비재	3M	2.86	60
제약·헬스케어	존슨앤드존슨	2.79	56
식음료	맥도날드	2.61	43
유통	월마트	2.23	45

에 투자하기엔 종잣돈이 부족할 수밖에 없습니다. 종잣돈을 만들어야 그 다음부터 돈이 돈을 버는 복리의 마법을 만들 수 있습니다.

부동산에 투자할 자금이 부족하다면, 이렇게 훌륭한 배당금을 주는 미국 기업에 투자해 보세요. 간혹 "주식을 얼마나 가지고 있어야 배당금을 받을 수 있나요?"라는 질문을 받습니다. 주식은 1주만 가지고 있어도 배당금을 줍니다.

그러면 AT&T와 코카콜라, 알트리아의 30년 주가 흐름과 배당금을 살펴보겠습니다.

AT&T, 코카콜라, 알트리아 주가 그래프

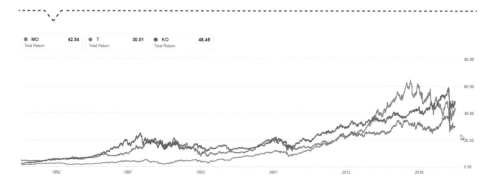

먼저 주가의 흐름을 보면, 1990년에 AT&T 주가는 4.26달러, 코카콜라는 2.31달러, 알트리아는 1.16달러였습니다. 30년이 지난 지금 AT&T 주가는 30달러, 코카콜라는 48.45달러, 알트리아는 42.54달러입니다. AT&T는 주가가 약 7배 올랐고, 코카콜라는 20배 올랐습니다. 알트리아는 무려 36배 올랐습니다.

만약에 알트리아 주식을 1990년에 1만 달러를 매수했다면 어떻게 되었을지 살펴볼까요?

Portfolio Visualizer라는 사이트에서 과거의 주가 흐름을 토대로 내 수익률을 백테스트해 볼 수 있습니다. 이렇게 자산의 변화가 어떻게 되는지 테스트해 보면, 30년 전 1만 달러가 지금 58만 5,000달러 가까이 됩니다. 여러분이 매달 30만 원씩 은행에 적금을 붓고 있다면 은행에 적금 붓듯이 배당금을 잘 주는 미국 기업에 투자해 보는 것을 고려해 보세요.

알트리아의 백테스트 그래프

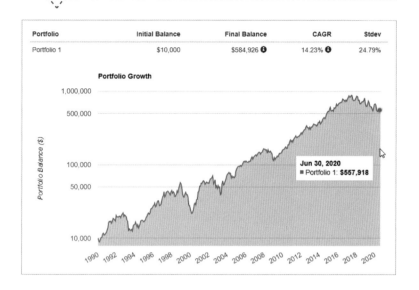

미국 주식을 해야 하는 세 번째 이유를 말씀드리겠습니다.

미국 주식시장은 한국 주식시장 규모보다 무려 20배나 큽니다. 이것이 의미하는 바가 무엇일까요? 미국에 상장된 기업들은 자금을 조달할 수 있는 상황이 훨씬 좋다는 의미입니다. 미국의 테슬라 같은 기업이 2019년까지 계속 적자를 보면서도 현재 시가총액 기준으로 자동차 업계 1위를 할 수 있는 이유는 바로 거대한 자금이 유입되기 때문입니다. 미국에서 세계적인 기업이 많이 나올 수밖에 없는 이유입니다.

주요 국가 증시 시가 총액 현황

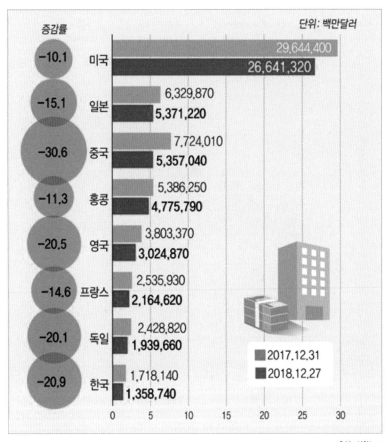

증감률

단위: 백만달러

증감률	국가	2017.12.31	2018.12.27
-10.1	미국	29,644,400	26,641,320
-15.1	일본	6,329,870	5,371,220
-30.6	중국	7,724,010	5,357,040
-11.3	홍콩	5,386,250	4,775,790
-20.5	영국	3,803,370	3,024,870
-14.6	프랑스	2,535,930	2,164,620
-20.1	독일	2,428,820	1,939,660
-20.9	한국	1,718,140	1,358,740

■ 2017.12.31
■ 2018.12.27

출처 : 연합뉴스
자료 : 블룸버그

한국 주식도 안 해 봤는데, 미국 주식을 할 수 있나요?

02

'한국 주식도 못하는데, 미국 주식을 할 수 있을까?'라고 생각할 수 있습니다. 기본적인 주식 투자 방법은 똑같습니다. 삼성전자 주식을 사는지, 미국 애플 주식을 사는지의 차이입니다. 주식 계좌를 만드는 것도 똑같습니다. 주식 초보자들을 위해서 이런 부분들도 어떻게 해야 하는지 차근차근 알아보겠습니다.

오히려 주식 초보라면 한국 주식보다 미국 주식이 수익을 내기 쉬울 수 있습니다. 왜냐하면 미국이 정치·경제적인 면에서 한국 주식 시장보다 변수가 작기 때문입니다. 한 가지 예를 들어 볼까요? 몇 년 전에 중국과 사드로 인한 갈등이 있을 때 우리나라 회사들은 매출에 큰 타격을 입었습니다. 당연히 주가에도 반영이 됐죠. 저도 사업하면서 이런 정치·경제적인 이슈로 많은 피해를 본 경험이 있습니다. 부동산 투자든 주식 투자든 예상하지 못하는 변수가 작으면 작을수록 좋습니다.

그러면 한국 주식과 미국 주식을 하는 데 차이점은 무엇이 있을까요? 한국과 미국의 시차가 있기 때문에 장을 개장하는 시간이 다릅니다. 한국은 오전 9시에 장이 열립니다. 미국은 서머타임이 적용될 때와 아닐 때 장 개장시간이 다릅니다. 서머타임은 보통 3월 초에 시작하여 10월 말까지 적용됩니다. 서머타임이 적용되면 장은 한국시간으로 오후 10시 30분에 시작해서 다음날 오전 5시에 마감됩니다. 서머타임이 적용되지 않을 때는 한국시간으로 오후 11시 30분에 시작해서 다음날 오전 6시에 마감됩니다.

'그럼 미국 주식은 밤에 잠 못 자고 해야 하나요?'라고 생각할 수도 있습니다. 밤잠을 못 자면 안 되죠. 만일 밤 10시에 잠을 자는 사람이라면 낮에 예약 매수를 걸어 놓으면 됩니다.

이런 생각을 할 수도 있습니다. '그렇게 예약 매수를 걸어 놓았다가 좀 더 싼 가격에 살 수 있었는데 못 사면 어떻게 하나요?'라고요. 한국 주식 하는 분들을 보면 하루 종일 주식 창을 켜 놓거나, 아니면 하루에도 몇 번씩 주식 앱을 보면서 내가 산 주식이 떨어졌는지 올랐는지 확인합니다.

지금부터 주식 투자에 있어 중요한 것을 이야기하겠습니다. 주식을 단타로 사고파는 트레이딩을 하면 안 됩니다. 특히 일반인들은 데일리 트레이딩을 하면 안 됩니다. 제가 지금까지 만나본 대부분의 한국인은 주식 트레이딩을 합니다. 조금 오르면 '팔아야 하나?'라고 생각합니다. 트레이딩을 해서 10%, 20% 벌었다고 좋아합니다.

그러다가 20~30% 잃으면 속상해하면서 주식 게시판에 회사 욕을 하기 시작합니다. 이런 방식은 대단히 잘못된 것입니다. 주식 트레이딩이나 단타를 하는 게 아닌 주식 투자를 해야 합니다. 이 책에서 제대로 된 투자 방법을 알려 드리겠습니다.

위대한 기업에 투자를 해서 5년, 10년 뒤에 내 투자금이 2~3배 이상, 많게는 10배까지 만들겠다는 마인드로 주식 투자를 해야 합니다. 내가 제대로 공부하고 좋은 기업에 투자해서 5년 뒤에 내 투자금이 3배가 된다면, 오늘 내가 예약 매수 걸어 놓은 종목을 1~2% 비싼 가격에 샀다고 해서 아까워할 필요가 없습니다. 주식 투자는 부동산 투자와 같이 장기적인 관점에서 해야 합니다.

내가 정확히 분석해서 좋은 기업의 주식을 샀다면 주가가 떨어져도 불안하지 않습니다. 오히려 더 좋아하죠. 좋은 회사의 주식을 더 싼 가격에 살 수 있으니까요.

1,000만 원짜리 샤넬 명품백을 500만 원에 판다고 하면 어떤 현상이 일어날까요? 백화점 오픈 전부터 줄 서 있지 않을까요? 그러는 이유는 샤넬이 명품이라는 걸 누구나 다 알기 때문입니다.

주식 투자를 했는데 내가 산 회사의 주가가 떨어지면 불안한 이유가 무엇일까요? 그 회사에 대해서 잘 모르고 투자했기 때문입니다. 그래서 이 책에서는 주가가 떨어져도 불안하지 않은, 좋은 기업을 찾는 방법을 알려 드리고자 합니다.

왜 미국의
4차 산업혁명 주도 기업에
투자해야 하는가?

U S   S T O C K S

4차 산업을 알아보기 전에 먼저 과거에 산업혁명이 어떻게 일어났는지 잠시 짚고 넘어가겠습니다.

1차 산업혁명	2차 산업혁명	3차 산업혁명	4차 산업혁명
18세기	19~20세기 초	20세기 후반	2015년~
증기기관 기반의 기계화 혁명	전기 에너지 기반의 대량생산 혁명	컴퓨터와 인터넷 기반의 지식 정보 혁명	IoT/CPS/인공지능 기반의 만물초지능 혁명
증기기관을 활용하여 영국의 섬유공업이 거대 산업화	공장에 전력이 보급되어 벨트 컨베이어를 사용한 대량생산 보급	인터넷과 스마트 혁명으로 미국 주도의 글로벌 IT기업 부상	사람, 사물, 공간을 초연결·초지능화하여 산업구조 사회 시스템 혁신

1차 산업혁명은 18세기에 일어났습니다. 영국에서 증기기관을 활용하여 최초로 기계를 사용한 공장이 생겼습니다. 2차 산업혁명은 전기 에너지 기반의 대량생산 혁명입니다. 19~20세기 초 공장에 전기가 보급되면서 대량생산을 시작하게 되었습니다. 3차 산업혁명은 20세기 후반 컴퓨터와 인터넷이 보급되면서 지식 정보의 혁명이 일어나면서 시작되었습니다. 이때부터 미국이 주도하는 글로벌 IT 기업이 부상하게 되었습니다. 마이크로소프트, 인텔, 애플과 같은 기업이 3차 산업혁명을 주도한 기업들입니다.

우리는 앞으로 다가올 4차 산업혁명을 준비해야 합니다. 4차 산업혁명이 일어나면 사람과 사물, 공간이 모두 연결되는 초연결사회가 됩니다. 세상이 모두 연결되면 시간과 공간의 제약을 받지 않고 효율성이 높아지게 될 것입니다.

4차 산업혁명이 오면 세상이 어떻게 바뀔지 한 번 생각해 볼까요? 4차 산업혁명의 가장 중요한 키워드 중 하나는 바로 인공지능입니다. 인공지능 로봇이 사람이 하는 일들을 대신하게 되겠죠? 복잡한 계산을 대신 해 주고, 인공지능이 머신 러닝과 추론 과정을 통해 사람처럼 생각하게 될 수도 있습니다. 전쟁이나 위험한 일들을 더 이상 사람이 하지 않아도 로봇이 대신 해 주는 시대가 되는 것입니다.

이렇게 인공지능, IoT 시대가 오면 어떤 산업이 발전할까요? 그리고 어떤 것들이 필요할까요? 엄청난 양의 데이터를 저장할 공간이 많이 필요하게 됩니다. 이렇게 생각을 전개하면서 '클라우드 서비스가 앞으로 더 활성화될 수도 있겠다.'라는 아이디어를 도출해 보는 것입니다.

대용량 데이터를 빠른 시간에 전송해야 할 테니 세계 오지 어느 곳이건 네트워크가 연결되는 초고속 인터넷망이 필요하게 되겠죠? 또한 멀지 않은 미래에는 내연기관 자동차도 없어질 것입니다. 모두 전기자동차나 수소전지자동차로 대체되지 않을까요? 자율주행 시대가 오면 차 안의 공간은 문화생활을 할 수 있는 공간으로 바뀌게 될 것입니다. 목적지로 갈 때까지 차 안에서 음악을 듣거나 영화를 보면서 쉬거나 일할 수 있는 공간이 되는 것이죠.

이렇게 많은 사람이 차 안에서 일을 하거나 여가활동을 하는 시간이 많아질 텐데, 이런 변화가 생기면 어떤 산업이 발전하게 될까요? 무인자동차, 자율주행 시대가 오면 더 이상 자동차도 굳이 소유할 필요가 없지 않을까요? 내가 원하는 곳으로 자동차를 불러서 원하는 곳으로 이동하면 되니까요.

바로 공유경제의 시대가 오겠죠? 사실 공유경제는 이미 시작됐습니다. 공유오피스, 공유주방, 공유자전거, 공유자동차까지 이미 조금씩 변화하고 있습니다.

그리고 모든 세상이 연결되는 IoT 시대가 옵니다. 스마트홈, 커넥티드카 등 우리 주위에 있는 모든 사물이 연결되는 시대가 오면 어떻게 될까요? 밖에 있어도 정해진 시간에 내가 원하는 것들이 집에서 행해지겠죠. 밖에서 음성인식으로 지시하면 목욕물이 받아져 있고, 냉난방이 자동으로 켜지고 요리도 되어 있는 시대가 올 것입니다.

원격진료의 시대도 오고 있습니다. 코로나19로 인해서 이 분야가 특히 우리에게 더 빨리 다가오고 있습니다. 내 몸의 신체 센서들이 몸 상태를 수시로 확인하고 이상이 생기면 병원에 자동으로 데이터를 보내고, 응급상황이 오더라도 병원에서 내 상태를 이미 알고 있기 때문에 바로 응급조치가 가능하게 됩니다.

또한 모든 자동차가 서로 연결되어 통신을 하면서 정보를 주고받게 되면 교통체증도 없어질 것입니다. 서로 통신을 하면서 움직이기 때문에 차량끼리 부딪치는 교통사고도 없어질 것입니다. 이런 세상이 오면 우리에게 어떤 게 필요하고 어떤 산업이 발전할까요? 이런 세상에서 우리가 돈을 벌 수 있는 것들이 어떤 게 있을지 한 번 생각해 보세요. 이렇게 미래를 상상해 보면서 투자 아이디어를 발굴해 보세요. 우리는 무엇을 준비해야 할까요?

어떤 산업이 발전할지에 대해 남들보다 먼저 생각해야 합니다. 거기서 투자 아이디어를 얻을 수 있습니다. 이렇게 4차 산업혁명을 주도할 기업들을 미리 찾아서 돈의 흐름을 파악하고 그 기업에 투자하는 것입니다. 4차 산업혁명의 수혜를 받을 기업들은 조금만 공부해 보면 정말 많이 있습니다.

그러면 이번에는 3차 산업혁명을 주도한 미국 기업들의 주가가 어떤 식으로 변화했는지 한 번 알아보겠습니다. 먼저 3차 산업혁명을 주도한 대표적인 기업 중 하나인 애플의 주가 변화를 보겠습니다.

3차 산업혁명은 2000년 전후로 시작됐습니다. 애플은 PC 시장에서는 인텔과 마이크로소프트에 밀리긴 했지만, 아이폰이 나오면서 스마트폰 혁명을 주도하면서 주가가 상승하기 시작했습니다. 아이

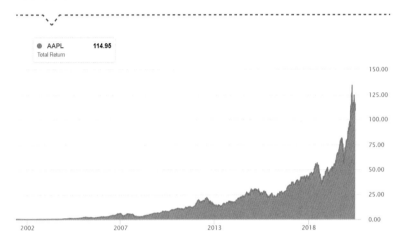

폰이 나온 시기와 주가가 상승하는 시기가 일치합니다. 2000년 초반 애플의 주가는 1달러 초반이었습니다. 2007년에 아이폰이 출시되면서부터 애플의 주가는 계속 상승했습니다. 애플은 4차 산업혁명을 주도할 유망한 기업 중 하나이기도 합니다.

그러면 3차 산업혁명을 주도한 기업 중 하나인 마이크로소프트는 주가가 어떻게 변화했는지 살펴볼까요?

마이크로소프트는 2020년 11월 기준 주가가 216달러 정도 됩니다. 다음 페이지의 그래프에서 보는 것처럼 2000년대 초반 주가는 15~20달러 정도였습니다. 이 시기는 애플에서 아이폰이 나오면서 모바일 시장에서 주춤했던 마이크로소프트의 주가가 정체된 시기였습니다. 하지만 2014년부터 마이크로소프트 주가도 상승하기 시작

마이크로소프트의 주가 변화 그래프

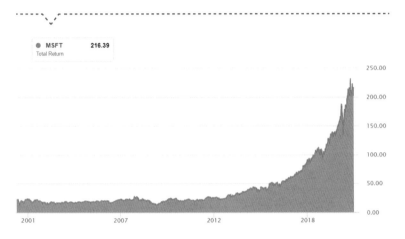

했습니다. 마이크로소프트가 개발한 윈도나 오피스 같은 소프트웨어들을 구독형 서비스로 전환하면서 주가도 같이 상승하기 시작했습니다. 그리고 마이크로소프트가 4차 산업혁명 키워드 중 하나인 클라우드 서비스에서 아마존과 같이 시장 점유율을 높여 가면서 주가도 같이 상승해 왔습니다.

그럼 4차 산업혁명을 주도할 기업들은 주가가 어떻게 바뀔까요?

3차 산업혁명을 주도했던 기업들의 주가가 이렇게 올랐는데, 4차 산업혁명은 과거의 산업혁명보다 더 큰 변화와 혁신이 있기 때문에 투자자 입장에서는 돈을 벌 수 있는 더 큰 기회입니다. 하지만 지금부터 미리 대비해 놓지 않으면 위기가 올 수도 있습니다.

왜냐하면 과거의 산업혁명이 전개될 때는 일자리도 함께 많아졌지만 4차 산업혁명이 이루어지면 우리 생활은 훨씬 편리해지겠지만 일자리는 지금보다 더 줄어들 것입니다. 다시 말해 4차 산업혁명의 시대는 우리에게 엄청난 기회일 수 있지만, 미리 준비하지 않으면 오히려 위기가 될 수도 있습니다. 미래에 일자리가 없어지더라도 살아가는 데 지장이 없으려면 4차 산업혁명의 수혜를 받은 기업에 투자해서 투자금도 늘리고 이익을 공유해야 합니다. 이익을 공유하는 게 바로 배당금입니다. 배당금을 월세처럼 받으면서 제2의 월급을 만들 수 있도록 지금부터 준비해야 합니다.

미국 달러가
왜 안전자산인가?

US STOCKS

　달러가 왜 안전자산인지에 대해서 알아보면서, 안전자산의 개념에 대해서도 함께 배워 보겠습니다. 먼저 안전자산의 뜻이 무엇일까요? 사전을 찾아보면 이렇게 나와 있습니다.

안전자산

위험이 없는 금융자산으로서 무위험자산이라고도 한다. 금융자산에의 투자, 즉 금융적 투자에는 통상 여러 위험이 수반되는데 첫 번째로 채무불이행위험, 두 번째로 시장가격변동의 위험, 즉 시장위험, 세 번째로 인플레이션에 의한 자산의 실질가치가 변동할 위험, 즉 구매력 변동위험 등이 있다. 안전자산은 주로 채무불이행의 위험이 없는 자산이라는 의미로 사용되고 있으며 대상자산의 만기까지의 기간을 단축함으로써 시장가격변동에서 오는 위험을 어느 정도 회피할 수 있다. 그러나 본래 이 개념은 이론적인 것으로 투자자의 포트폴리오 선택범위를 주식, 사채 등 위험자산만의 구성으로부터 한층 확대하는 것을 가능케 하기 위하여 고안된 것으로 자본시장이론상 중요한 위치를 차지하고 있다.

이처럼 경제용어는 사전을 찾아보면 더 헷갈립니다. 쉽게 예를 들어 보겠습니다. 돈을 빌려주고 이자를 받는 것도 하나의 재테크입니다. 그런데 돈이 떼일 위험이 있다면 안전자산이라고 할 수 있을까요? 만약에 1억 원을 주고 토지를 매입했는데 몇 년 뒤에 그 지역 땅값이 하락해서 1억 원을 주고 산 땅이 9,000만 원이 됐다면 안전자산이라고 할 수 없습니다.

그래서 적어도 원금은 손해날 일이 없는 은행에 1억 원을 입금해 두면 어떨까요? 은행 이자율이 2%라고 가정하겠습니다. 그런데 1년 뒤에 물가가 3% 상승하게 되었습니다. 물가가 3% 올랐다는 의미는 반대로 1년 동안 내 돈의 가치가 3% 하락했다는 의미이기도 합니다.

예를 들어, 1년 전에는 100만 원짜리였던 물건을 1년 뒤에는 103만 원 주고 살 수 있게 된 것이죠. 그런데 은행 이자율이 2%였기 때문에 내 돈은 102만 원이 됐습니다. 1년 전에는 100만 원으로 살 수 있는 물건이 1년 뒤에는 103만 원이 되었지만, 내가 은행에 저축해 놓은 돈은 102만 원이 되어서 결과적으로 1만 원이 부족해서 못 사게 됐다면 내 재산을 안전하게 지키지 못한 것이라고 볼 수 있습니다. 원금은 그대로 손해 보지 않았으니 손해가 아닌 것일까요?

안전자산이란 개념은 이렇게 여러 가지 리스크로 인해서 부동산 가격이 하락할 수도 있고, 주가가 하락할 수도 있고, 또 물가가 너무 올라서 내 재산이 상대적으로 줄 수도 있는데, 이런 리스크들을 만회해서 내 자산이 줄지 않고 오히려 늘릴 수도 있는 자산을 말하는 것입니다.

왜 부자들은 부동산, 주식 외에도 금이나 채권, 달러와 같은 것에 자산을 분배할까요? 코로나19처럼 경제에 타격이 와도 재산을 잃지 않고 오히려 더 늘릴 수 있는 기회로 만들려고 하기 때문입니다.

그러면 달러가 왜 안전자산인지를 설명하기 전에, 금에 대한 얘기를 먼저 해 보겠습니다. 금도 대표적인 안전자산이라고 오래전부터 불려 왔습니다.

위의 그래프는 과거 20년간 금값의 변화를 보여 줍니다. 왜 금이 안전자산이라고 불려 왔을까요? 금을 가지고 있으면 자산가치가 계속 올랐기 때문입니다. 그럼 왜 계속 금값이 올랐을까요?

　이해하기 쉽도록 예를 들어 설명하겠습니다. 금 1돈이 100년 전에 1달러였고 지금은 1,000달러라고 가정하겠습니다. 100년 전이나 지금이나 금 1돈은 무게가 똑같습니다. 즉 금은 변한 게 없습니다. 반면에 화폐의 관점에서 보면 100년 전보다 지금 현재 돈을 훨씬 더 많이 찍어 냈기 때문에 화폐가치가 떨어졌습니다. 화폐가 많아져서 과거보다 흔해졌기 때문에 100년 전에는 금 1돈을 사기 위해서 1달러만 있으면 됐는데, 지금은 1달러짜리 1,000장이 있어야 살 수 있다는 것입니다.

　또 다른 예를 들어 보겠습니다. 2020년 3월경 코로나가 처음으로 확산되던 시기에는 마스크가 부족해서 마스크 가격이 상승했습니다. 지금은 마스크 공급이 원활하게 되어 마스크 가격이 그때보다는 많이 하락했습니다. 시장에 물건이 많아서 공급 과잉이 되면 가격은 하락합니다. 돈도 마찬가지입니다. 각 나라에서 세월이 흐르면서 돈을 점점 많이 찍어 내서 시장에 현금이 많아지면 돈의 가치가 하락합니다. 돈의 가치가 하락하는 것은 반대로 물가는 오르는 것을 의미합니다. 이것을 인플레이션이라고 부릅니다.

　지금까지 안전자산과 화폐가치, 물가의 기본 개념을 알아봤습니다. 그럼 달러는 왜 안전자산이라고 말하는 것일까요? 달러는 미국에서 발행하는 화폐입니다. 우리는 달러를 기축통화라고 말합니다. 기축통화란 금을 대신해서 국제간 결제, 자산 보유의 수단으로 사용할 수 있는 통화를 말합니다. 달러가 기축통화가 된 계기는 1944년 7월에 체결된 브레튼 우즈 협정입니다. 기축통화가 되려면 그 돈을 찍어내는 나라가 망할 가능성이 낮고, 국제적으로 유통량이 풍부하고 사용도 자유로워야 합니다. 마지막으로 통화를 발행하는 국가의 통화 관리가 투명해야 합니다. 이런 이유로 현재까지는 미국 달러가 기축통화의 자리를 유지하고 있습니다.

지금까지 세계적으로 경제가 불안하거나 금융위기가 오면 달러가 상승해 왔습니다. 왜 달러가 상승할까요? 세계 여러 나라에서 국제간 거래에 달러가 사용되기 때문에 경제위기가 오면 달러를 더 많이 보유하려고 합니다. 모든 나라가 달러를 보유하려고 모으면 유통되는 달러가 부족해집니다. 수요와 공급의 법칙에서 수요가 늘고 공급이 부족하면 가격이 오릅니다.

원·달러 환율

(달러당 원)

IMF 구제금융 신청 ▶
→ 자유변동환율
제도 이행
(1997.12.)

◀ 닷컴버블 붕괴

◀ 리먼브라더스
파산

글로벌 달러화 약세

과거 우리나라 IMF 때 달러가 얼마까지 올랐는지 알아보겠습니다. 1997년 IMF가 오기 전까지 원달러 환율이 900원이 안 됐는데, IMF 때 원 달러 환율이 1,900원이 넘어간 적이 있었습니다. 2008년 미국 금융위기 때도 달러가 1,500원이 넘어갔습니다. 이렇게 경제위기가 와서 주가가 하락할 때 주식을 가지고 있지 않고 달러를 보유하고 있다면 오히려 자산가치가 오르겠죠? 그래서 이렇게 위기가 올 때마다 리스크 헤지 개념으로 달러를 안전자산 중 하나로 가져가려는 것입니다.

02

주식 투자
전에 알아야
할 것

주식은 언제 사고 언제 파는 건가요?

주식 투자를 해서 이익을 보기 위해서는 언제 사고 언제 파는지가 중요합니다. 그에 대해 설명하기에 앞서 일반인들이 주식을 하는 유형에 대해 먼저 알아보겠습니다.

첫 번째로 주식을 투기로 하는 유형입니다. 투기라는 말의 뜻이 무엇일까요? 사전을 찾아보면 이렇게 나와 있습니다.

1. 확신도 없이 요행만 바라고 큰 이익을 얻으려 하는 것
2. 기회를 틈타 큰 이익을 보려고 함. 또는 그 일
3. 시세 변동을 예상하여 차익을 얻기 위하여 하는 매매 거래

확신도 없이 요행만 바라고 시세 변동을 예상하여 차익을 얻으려고 하는 형태로 주식을 하는 사람이 참 많습니다. 이렇게 확신도 없이 기회를 틈타 큰 이익을 보려고 하는 게 바로 투기를 하는 것입니

다. 시세 변동을 예상하여 차익을 얻기 위하여 하는 매매 거래도 투기라고 말합니다. 예를 들어 보겠습니다. 제 유튜브 채널에서 댓글로 이런 질문을 하는 분이 계십니다. "어떤 회사 주가가 하락했는데 지금 들어가면 될까요?"라고요. 물론 기본적인 주식 투자의 원칙은 좋은 회사의 주식을 싸게 사서 비싸게 파는 것입니다. 하지만 회사의 주가가 하락했으면 왜 하락을 했는지 확인도 하지 않고 막연하게 다시 오르겠지 하는 예측만으로 주식을 산다면 그건 투기입니다.

투기와 비슷한 말이 영어로 또 있습니다. 바로 베팅(betting)입니다. 카지노에 가면 어떻게 하나요? 결과가 불확실한 확률에 돈을 걸죠. 확신도 없이 요행만 바라고 이익을 얻으려고 합니다. 이런 방식으로 주식을 하는 행위는 주식 투자가 아니라 주식 투기이고, 베팅이며, 도박입니다.

주식 트레이딩이란 말도 있습니다. 사전을 찾아보면 '주식, 채권 따위를 단기간 내에 사고팔아서 수익을 내는 일'이라고 되어 있습니다. 주식 트레이딩을 전문적·직업적으로 하는 사람들이 있습니다. 하루에도 몇 번씩 주식을 사고팔면서 차익을 내려고 합니다.

하지만 일반인들은 주식 트레이딩도 하면 안 됩니다. 왜냐하면 주식 매매를 전문적으로 하는 사람들은 하루 종일 그 일만 합니다. 일반인들은 각자 직업이 있습니다. 대부분 자기가 일하는 분야에서 더 인정받고 능력을 키우기 위해 노력하고 있을 것입니다. 전문적으로 주식 매매하는 사람들보다 주식을 공부할 시간이 부족할 수밖에 없습니다.

그렇기 때문에 일반인은 주식을 단기간에 사고파는 트레이딩으로 돈 벌기 힘듭니다. 적게 벌고 크게 잃는 이들이 바로 이런 유형입니다. 이 책에서는 주식을 투기나 베팅, 트레이딩이 아닌 투자를 하는 방법을 설명할 것입니다.

그럼 투자는 어떻게 하는 것일까요? 투자라는 뜻을 정확히 알기 위해 사전을 찾아보면, '이익을 얻기 위하여 어떤 일이나 사업에 자본을 대거나 시간이나 정성을 쏟는 행위'를 말합니다. 투자는 이익을 얻기 위해 시간이나 정성을 쏟는 것입니다. 이 책에서 여러분은 주식 투자를 배울 것이고, 어떻게 시간과 정성을 쏟아야 하는지를 배우게 될 것입니다.

그러면 도대체 주식은 언제 사고 언제 팔아야 할까요? 투자의 대가 워렌 버핏의 명언 중에 이런 말이 있습니다.

"10년 동안 주식을 소유할 자신이 없다면 단 10분도 보유하지 마라."

워렌 버핏은 코카콜라에 투자하면서 "난 이 주식을 평생 팔지 않겠다."라고 말하기도 했습니다. 그만큼 본인이 잘 아는 기업의 10년, 20년 뒤를 내다보는 장기적인 관점에서 투자를 한다는 얘기입니다. 워렌 버핏은 "주식 투자는 그 기업과 사업을 함께 하는 것"이라고도 말했습니다.

제가 사업을 하면서 투자유치를 받은 이야기를 해 보겠습니다. 처음으로 투자유치를 받은 금액이 10억 원이었습니다. 투자유치를 받은 날, 투자자 분들과의 저녁식사 자리에서 한 분이 저에게 이런 말씀을 하셨습니다.

"대표님은 이제부터 자금 걱정하지 말고 사업에만 집중해 주세요. 우리가 회사가 잘될 수 있도록 모든 인맥을 총동원해서 좋은 분이나 좋은 회사들 많이 소개시켜 드릴게요."

이런 게 바로 투자자의 마인드입니다. 우리도 이런 마인드로 주식 투자를 해야 합니다.

그러면 주식을 언제 사야 할까요? 주식을 사려면 먼저 내가 투자할 회사를 선택해야 합니다. 좋은 회사를 선택해서 그 회사의 가격이 쌀 때 주식을 사면 됩니다. 그러면 어떤 회사가 좋은 회사인가요? 기업의 실적이 뛰어나고, 현금 창출 능력이 뛰어나며, 앞으로도 크게 성장할 수 있는 회사가 좋은 회사입니다.

가치투자란 말 들어 보셨나요? 가치투자란 기업의 가치와 실적을 분석해서 저평가된 종목을 찾아내서 그 기업에 투자하고 그 기업의 가치만큼 가격이 반영될 때를 기다리는 것입니다. 아니면 아직까지는 기업이 이익은 내지 못하고 있지만 성장성이 빠르고, 앞으로도 성장성에 확신이 들어서 미래 기업가치가 커질 것을 예상하고 투자하는 경우도 있습니다. 이런 경우를 성장투자, 성장주투자라고 합니다.

쉽게 말해서 가치투자는 이미 좋은 회사인데, 그 회사의 실적이나 가치보다 주식 가격이 싸서 그 회사의 주식을 사는 투자 방법을 말하고, 성장주투자는 회사가 아직은 실적이나 이익이 좋지는 않지만 앞으로 좋아질 것이라는 확신을 가지고 그 기업의 미래에 투자를 하는 것입니다.

그러면 "주식은 언제 사야 하나요?"라는 질문은 이렇게 정리할 수 있습니다. 가치투자 관점에서는 이미 실적이 잘 나오는 좋은 기업을 찾아서 계속 지켜봅니다. 그 기업의 기업가치가 어느 정도인지를 보고, 그 기업의 내재적 기업가치보다 현재 저평가되어 있다면 그 회사의 주식을 사면 되고, 그 기업의 가치보다 주가가 비싸다고 판단되면 참고 기다렸다가 그 기업의 가치보다 가격이 하락할 때 사면 됩니다.

성장주투자 관점에서는 아직 기업의 실적이 잘 나오진 않지만 미래 성장성이 좋다는 확신이 들 경우 그 회사의 주식을 사면 됩니다. 하지만 내가 그 기업이나 해당 산업에 대해서 열심히 공부했다고 해서 이 회사가 미래 성장성이 있다고 확신할 수는 없습니다. 이런 경우 성장성에 대해 가장 많이 보는 부분은 바로 그 기업의 매출입니다. 순이익이 적자라고 해도 그 기업의 매출 성장성이 뛰어나다면 미래 성장성이 좋다는 판단의 기준으로 삼을 수 있습니다. 무엇보다 회사의 주식을 살 때 가장 중요한 것은, 내가 그 회사의 비즈니스를 완전히 이해하고 있어야 하고, 그 회사의 비전이나 가치가 내 마음에 들어야 합니다.

주가가 만들어 낸 차트를 통해서 미래의 주가를 예측해서 주식을 사면 안 됩니다. 한국에서는 이런 기술적 분석을 하면서 주식 투자를 하는 경우가 많고, 경제방송에서도 주로 차트만 보고 설명하는데 트레이더가 아닌 투자자의 관점에서는 대단히 잘못된 방법이라고 생각합니다.

이제 좋은 회사를 선택해서 주식을 샀다고 가정하면 언젠가는 파는 날이 옵니다. 주식 투자의 기본 개념은 내가 이 회사의 주주로서 그 기업의 가치가 높아지면 주가도 당연히 올라갈 것이라는 믿음을 가지고 주식을 장기간 보유하는 것입니다. 이렇게 장기간 보유하면서 회사의 주가가 오르면 내 자산도 같이 올라가고, 회사의 이익을 공유하면서 복리수익을 올리는 것이지요.

회사의 이익을 공유하는 대표적인 게 바로 배당금입니다. 이런 관점에서 본다면 처음부터 회사를 잘 골라서 팔지 않을 주식을 사는 게 최선의 방법이라고 할 수 있습니다. 하지만 현실적으로 내가 투자한 회사에 예기치 못한 일이 생길 수도 있고, 개인적인 사정으로 목돈이 필요해서 주식을 팔아야 할 경우도 있습니다. 여기서 중요한 점은 주식을 파는 기준이 단지 주가가 올랐거나 떨어졌기 때문에 파는 형태가 되면 안 된다는 것입니다.

그러면 주식은 언제 팔아야 하는지 몇 가지 매도 원칙에 대해 말씀드리겠습니다.

첫 번째로 내 판단이 틀렸다고 생각되는 경우입니다. 예를 들어, 앞으로 전기자동차 시장이 커질 것이고, 그에 따라 배터리 시장도 커지겠다는 생각을 했다고 가정하겠습니다. 배터리 소재나 부품, 장비를 만드는 회사들도 앞으로 전망이 좋겠다는 생각을 하고 배터리 소재를 개발하는 기업이 해당 기술력이 뛰어나다고 생각해서 투자를 했습니다. 그런데 시간이 지나서 보니, 내가 생각했던 것만큼 기술력이 좋지 않거나, 그 회사보다 더 혁신적인 기술력이 있는 다른 회사가 나타나는 경우가 있습니다. 이런 경우라면 내 판단이 잘못되었다는 것을 인정하고 주식을 매도해야 합니다.

두 번째로 내가 생각했던 기업가치만큼 그 회사의 주가가 올라갔을 경우입니다. 이 경우는 꼭 주식을 팔아야 하기보다는 생각했던 목표만큼 기업가치가 올라갔으니 주식을 팔아서 수익 실현을 할지 말지를 결정해야 합니다. 예를 들어, 전기자동차 키워드에 대해 유망하다고 생각하는 회사를 공부하고 분석해서 주식을 샀다고 가정하겠습니다. 이 회사의 주식을 살 때 주가가 30달러였고, 시가총액은 30억 달러라고 하겠습니다. 참고로 기업의 주가에 발행주식수를 곱해 준 것이 시가총액입니다. 시가총액이 30억 달러라면 1,200원 환율로 계산했을 때 3조 6,000억 원 정도 됩니다.

여기서 중요한 포인트가 있습니다. 내가 어떤 회사의 주식을 사기 위해서 공부하고 분석할 때 정해 놓은 목표 주가가 있어야 합니다. 예를 들어, 난 이 회사의 비즈니스 모델이 마음에 들고 이쪽 산업이 앞으로 이만큼 커질 것이라고 생각해서 이 회사의 기업가치가 현재 30억 달러이지만 짧으면 3년, 길면 5년 내에 기업가치가 100억 달러 이상 갈 것 같다고 생각했다고 가정하겠습니다.

기업가치가 30억 달러에서 100억 달러가 됐다는 의미는 이 회사의 주가가 30달러에서 적어도 3배 이상 올랐다는 의미입니다. 주가가 30달러에서 100달러 정도 됐다는 의미와 같습니다. 내 생각대로 이 회사의 주가가 3년 뒤에 100달러가 됐다면 앞으로 이 회사의 기업가치가 더 올라갈 수 있을지를 점검해 보고, 앞으로도 계속 성장 가능성이 있는 회사면 주식을 보유하고, 과거보다 경쟁이 치열해지거나 시장 상황이 바뀌는 것과 같은 여러 가지 다른 변수가 많아져서 더 이상 성장성에 대한 확신이 없다면 매도해야 합니다.

세 번째로 그 기업과 직접적이지는 않지만 여러 가지 정치·경제적인 상황이 안 좋은 경우입니다. 2008년 금융위기나 코로나19처럼 경제에 영향을 크게 주는 상황들이 있습니다. 이런 상황이 왔을 때도 주식을 전량 매도하기보다는 포트폴리오 조정을 통해 리스크를 헤지할 수 있는 전략을 새로 짜야 합니다. 예를 들어, 내가 보유한 종목이 10종목이라면 경기에 민감한 종목은 50% 정도 매도하고, 경기에 민감하지 않은 종목은 30% 정도만 매도해서 현금화하거나 안전자산을 보유하는 것입니다.

만약에 경제위기나 코로나19 같은 주가에 악영향을 줄 수 있는 상황이 되었을 때, 내가 가진 주식의 절반 정도를 안전자산에 투자해 놨다고 가정하겠습니다. 주가가 30% 하락했고 내가 투자한 안전자산은 30% 올랐다면 결과적으로 큰 위기가 왔을 때 나의 자산을 지킬 수 있습니다. 이렇게 주가가 크게 하락했다가 다시 회복하는 시기가 오면 안전자산에 투자했던 자산을 다시 주식자산으로 변경하면 됩니다.

미국의 유명한 투자가 피터 린치는 기업의 주식 유형을 구분할 때 저성장주, 대형우량주, 고성장주, 경기순환주, 회생주, 자산주 6가지 유형으로 분류합니다. 우리가 투자하는 기업은 대부분 이 6가지 유형에 해당하기 때문에 투자 아이디이를 읽고 투자 전략을 세우기 위해서는 이 6가지 유형의 특징을 알아야 합니다.

첫 번째로 저성장주에 대해 알아보겠습니다. 저성장주는 일반적으로 성숙한 대기업 주식으로, 대체로 GNP보다 약간 빠른 정도의 속도로 성장하는 기업입니다. 물론 저성장주가 처음부터 저성장주였던 것은 아닙니다. 회사 설립 초기에는 고성장주였지만 회사가 성장할 만큼 모두 성장했거나, 해당 산업이 과거와 다르게 침체기에 빠져서 이 산업군에 속한 기업이 성장의 탄력을 잃는 경우가 저성장주에 해당합니다. 저성장주의 특징은 주식이 크게 오르지도 않고, 또 크게 내리지도 않습니다. 주가가 항상 완만하게 움직이는 특징을 보입니

저성장주 예 : AT&T와 S&P 500 지수 비교

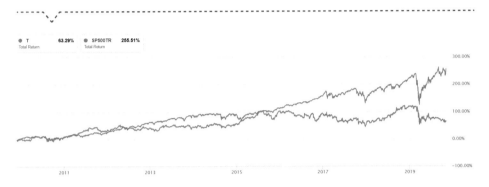

다. 또 다른 특징은 배당금을 넉넉하게 준다는 점입니다.

예를 들어, 미국의 대표적인 통신기업인 AT&T는 앞으로 4차 산업 혁명, 5G 시대가 오면 통신 인프라가 더 확대되지 않을까 하는 기대감도 있지만, 과거 주가 흐름은 확실히 저성장주의 패턴을 보여 줍니다.

위의 그래프에서 파란색이 S&P500 지수의 변화를 나타냅니다. S&P500 지수는 미국의 우량기업 500개 주가지수를 모아 놓은 인덱스 지수입니다. 쉽게 말해 미국 전체 주가 흐름을 알 수 있는 지수라고 보면 됩니다. 오렌지색이 AT&T의 그래프입니다. 과거 주가 변동폭을 보면 AT&T가 S&P500 지수보다 완만하게 움직입니다. 가장 최근 코로나로 인한 주가하락 때도 AT&T는 S&P500보다 하락폭이 더작습니다. 이렇게 저성장주의 특징은 시장이 상승할 때 상대적으로 덜 상승하기도 하지만, 시장이 하락할 때도 방어를 더 잘해 주는 특징이 있습니다.

대형우량주 예 : 코카콜라, P&G와 S&P500 지수 비교

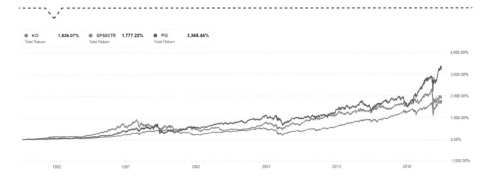

두 번째로 대형우량주에 대해 알아보겠습니다. 대형우량주는 주가가 민첩하게 상승하지는 않지만 저성장주보다는 빠르게 성장하는 기업을 말합니다. 대형우량주에 투자하면 연평균 10~12% 정도의 주가상승을 기대할 수 있습니다. 모두 알 만한 대기업이 대형우량주에 속해 있습니다.

대표적인 예로 코카콜라나 P&G 같은 회사가 대형우량주입니다. 대형우량주 역시 저성장주와 마찬가지로 경기가 안 좋을 때 하락폭이 상대적으로 더 작기 때문에 일정 비율로 포트폴리오에 포함하는 게 좋습니다.

위의 그래프에서 파란색이 S&P500 지수이고, 오렌지색이 코카콜라, 보라색이 P&G의 주가 변화 그래프입니다. 과거부터 주가의 흐름을 보면 두 기업 모두 S&P500 지수보다 위에 있습니다. 이 의미는 시장보다 수익률이 더 좋았다는 것입니다. 이렇게 대형우량주는 저성장주와는 다른 패턴으로 주가의 움직임을 보여 줍니다.

세 번째로 고성장주에 대해서 알아보겠습니다. 고성장주는 연 20~30% 성장률을 보이는 기업들입니다. 상대적으로 규모가 작은 신생기업이 많이 속해 있습니다. 미국의 유명한 투자가 피터 린치는 기업을 현명하게 선택했을 경우 10루타에서 40루타의 실적도 기대할 수 있다고 합니다. 여기서 10루타는 10배의 수익을 의미합니다.

이런 고성장주는 이 기업이 언제 성장을 멈출 것인지를 파악하면서 투자해야 합니다. 이런 고성장주의 특징은 매출 성장성이 높아도 순이익은 상대적으로 낮을 수 있습니다. 기업이 한참 성장하는 시기는 이익보다는 매출 성장성이 커지는 패턴을 보이기 때문입니다.

하지만 고성장주는 상대적으로 위험성도 높습니다. 기업의 성장성이 높다는 것은 그만큼 기업의 성장에 투자되는 자금이 많다는 의미이기도 합니다. 신생기업은 성장성이 높아도 자금이 부족해서 파산하는 경우도 있기 때문에 고성장주에 투자할 때는 특히 세심한 주의가 필요합니다.

네 번째로 경기순환주에 대해 알아보겠습니다. 경기순환주의 특징은 회사의 매출과 수익이 어느 정도 예측 가능한 방식으로 일정하게 오르내리는 특징이 있습니다. 경기가 좋을 때는 경기순환주의 실적과 주가도 같이 오르고, 반대로 경기침체기 때는 이 종목들의 실적도 안 좋고 주가도 하락하게 됩니다. 이런 경기순환주는 대기업이거나 이름만 대면 알 만한 유명한 회사들이기 때문에 대형우량주와 혼동하기 쉽습니다.

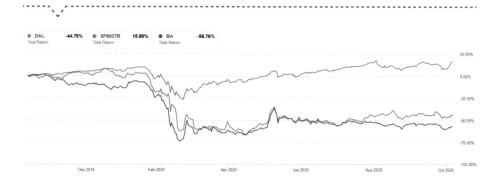

경기순환주는 소비와 경기에 민감한 항공, 자동차, 호텔과 같은 산업군들이 속합니다. 경기가 좋으면 사람들이 소비를 많이 합니다. 자동차도 바꾸고 여행도 많이 다니면서 항공기나 호텔도 많이 이용합니다. 하지만 경기가 안 좋으면 돈을 쓰지 않습니다. 경기순환주의 특징은 경기침체기를 벗어나는 시점에 주가상승폭이 대형우량주보다 훨씬 빠르게 상승한다는 점입니다. 최근 코로나로 하락한 종목들 중 항공주들을 한 번 보겠습니다.

이렇게 이번 코로나 때 주가하락폭이 S&P500 시장 평균보다 큽니다. 위의 그래프에서 보라색이 보잉, 오렌지색이 델타항공입니다. 이렇게 경기순환주들은 이번 코로나가 잠잠해지고 경기가 본격적으로 회복되는 시점부터 다시 주가가 상승하게 되겠지만, 경기침체기에 회사가 파산하지 않고 잘 버텨 줄 수 있을지 투자하기 전에 확인해 봐야 합니다.

다섯 번째로 회생주에 대해서 알아보겠습니다. 회생주로 분류되는 기업은 여러 가지 문제로 파산 가능성이 있는 기업들입니다. 파산 위기에서 벗어난 기업은 바닥을 찍은 주가가 빠르게 회복하기 때문에, 회생주들의 주가가 상승하게 되면 시장 상황에 크게 좌우되지 않는다는 특징이 있습니다. 하지만 파산위기까지 간 기업들 중에서 내가 투자할 종목을 찾는다는 건 그만큼 큰 위험이 따를 수 있습니다. 주식에 처음 입문하거나 주식 초보들은 이런 회생주에는 관심을 갖지 않는 것이 좋습니다.

경기순환주들이 침체된 경기를 버티지 못하면 파산위기까지 오게 되고, 회생주의 유형이 될 수도 있습니다. 아무리 세계적인 기업이라도 파산할 수 있기 때문에, 이렇게 회생주에 투자할 때는 회사의 부채비율이 어떻게 되는지, 추가자금 동원 능력은 있는지, 현금 보유액은 얼마나 되는지 재무제표를 꼼꼼히 살펴보고 투자 여부를 결정해야 합니다.

여섯 번째 유형은 자산주입니다. 자산주는 쉽게 말해서 기업이 아주 가치가 있는 자산을 가지고 있는데, 그 자산의 가치가 주가에 반영되지 않은 경우를 말합니다. 이 자산은 눈에 보이는 자산일 수도 있고, 눈에 보이지 않는 무형자산일 수도 있습니다. 재무제표에서는 보이지 않는 자산일 수도 있습니다. 전형적인 고성장주였던 맥도날드는 전국에 보유한 수천 개의 매장 덕분에 엄청난 부동산 자산주로 거듭날 수 있었습니다.

디즈니의 경우는 여러 유형을 거친 종목이라고 볼 수 있습니다. 한때는 성장성이 큰 고성장주로 주목받았고, 규모가 커지고 자금력이 강해지면서 대형우량주로 안착했습니다. 그 이후에는 부동산, 영화, 만화 등 엄청난 지적재산권과 같은 자산을 보유한 자산주로도 평가되고 있습니다.

기업의 유형은 계속 바뀔 수 있습니다. 사업 초기에는 빠른 성장을 하는 고성장주였다가 어느 정도 성장이 끝나면 저성장주나 대형우량주가 되기도 합니다. 심각한 경제위기를 못 버틴 기업은 파산위기까지 가면서 회생주로 분류되었다가 다시 회복하기도 합니다. 내가 투자하는 기업이 이 6가지 중에서 어떤 유형인지 파악하고 투자한다면 회사를 분석할 때 판단 기준이 생길 수 있습니다.

기초 주식용어부터 개념 잡기

이번에는 기초 주식용어에 대해 배워 보겠습니다. 장사나 사업을 할 때는 가장 먼저 사업자등록증을 내거나 법인 설립을 해야 합니다. 예를 들면서 설명하겠습니다. 미주부가 회사를 그만두고 장사를 하려고 마음을 먹었습니다. 아이템을 찾다가 치킨집을 하기로 결정합니다. 이름은 미주부 치킨집으로 정했습니다. 미주부는 치킨집을 프랜차이즈로 만들어서 코스닥에 상장하는 게 꿈입니다. 그래서 법인 설립을 하기로 결심합니다.

법무사 사무실로 가서 "법인 설립하러 왔어요."라고 하면 법무사가 이런 것들을 물어봅니다. "회사명은 뭐로 하실 건가요? 자본금은 얼마로 하실 거예요?" 회사명은 미주부 치킨집으로 하고, 자본금은 지금까지 벌어 놓은 돈 1억 원으로 합니다. 그럼 법무사가 이렇게 물어봅니다. "주식 액면가는 얼마로 하실 거예요?" 미주부는 액면가가 뭔지 몰라서 법무사에게 "액면가가 뭐예요?"라고 물어봅니다. "액면가란 주식 1주의 가격을 말합니다. 원하시는 대로 정하시면 돼요."라고 법무사가 친절하게 설명해 줍니다. 그래서 미주부는 주식 1주당 액면가를 500원으로 하겠다고 합니다. 이렇게 미주부 치킨집은 자본금 1억 원에 주식은 1주당 액면가를 500원으로 정했습니다.

그럼 ㈜미주부 치킨집은 주식을 총 몇 주를 발행해야 할까요? 주식회사는 한마디로 주식을 발행해서 만든 회사를 말합니다. 자본금 1억 원에 액면가가 500원이라면 1억 원 / 500원 = 20만이 나옵니다. 즉 액면가 500원짜리 주식을 20만 주 발행해야 자본금 1억 원짜리 회사를 만들 수 있습니다. 그럼 자본금 2억 원으로 회사를 설립하고 액면가는 똑같이 500원으로 한다면 주식을 몇 주 발행해야 할까요? 2억 원 / 500원 = 40만, 즉 40만 주를 발행해야 합니다.

미주부 치킨집이 너무 잘돼서, 체인점도 100개까지 확장해 코스닥에 상장까지 하게 됩니다. 상장할 때 1주당 주식 가격은 2만 원으로 결정됐다고 가정하겠습니다. 미주부 치킨집이 자본금 1억 원에 주식을 20만 주 발행했고 1주 2만 원에 상장했다면 2만 원 × 20만 주 = 40억 원이 나옵니다. ㈜미주부 치킨집의 시가총액은 40억 원이란 의미입니다. 미주부는 자본금 1억 원으로 창업해서 시가총액 40억 원짜리 기업으로 성장시킨 것입니다. 시가총액이란 말은 한마디로 그 기업이 얼마짜리 회사인지를 의미합니다. 정리하면 시가총액은 주식 1주당 가격 곱하기 총발행주식수입니다.

다음으로 주식 투자에서 가장 많이 나오는 주식 차트를 볼 때 알아야 할 기본 용어들을 설명하겠습니다. 먼저 양봉과 음봉에 대한 개념입니다.

주식 차트를 볼 때 이렇게 빨간색과 파란색 기둥들이 섞여 있는 것을 봤을 것입니다. 빨간색을 양봉이라고 하고, 파란색을 음봉이라고 합니다.

먼저 양봉에 대해서 알아보겠습니다. 양봉은 그날 주가가 올랐을 경우에 붉은색으로 표기됩니다. 빨간색 기둥 아랫부분이 시가이고, 빨간색 기둥 윗부분이 종가입니다. 빨간색 기둥 위아래로 꼬리가 달린 게 보이는데, 이 꼬리의 의미는 그날 주가가 상승했다 하락한 최대폭입니다. 맨 아래꼬리는 그날 주가가 내려갔던 최저가를 의미하

양봉과 음봉

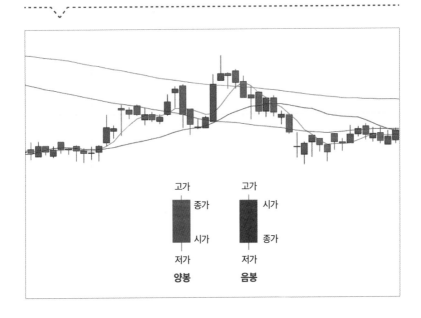

고, 위꼬리는 그날 주가가 상승한 최고가를 의미합니다.

　음봉은 반대로 주가가 하락했을 경우 파란색으로 표기됩니다. 음봉은 양봉과 반대로 시가가 파란색 기둥 윗부분입니다. 주가가 하락했기 때문에 종가는 파란색 기둥 아랫부분이 됩니다. 마찬가지로 위꼬리와 아래꼬리는 그날 주가의 최대 상승폭을 의미합니다.

　참고로 미국은 양봉이 초록색이고 음봉이 빨간색입니다. 미국 주식에 투자하는 경우, 양봉과 음봉의 색깔을 헷갈리지 않도록 주의하세요.

미국 주식의 양봉과 음봉

이동평균선

다음으로 이동평균선에 대한 설명하겠습니다. 줄여서 이평선이라고도 합니다. 이동평균선이란 특정 기간 동안 주가의 평균값을 연결한 선입니다. 이동평균선은 보통 5일, 10일, 20일, 60일, 120일 평균값을 봅니다. 5일 이동평균선은 최근 5일 주가의 평균값을 의미하고, 20일 이동평균선은 최근 20일 주가의 평균값을 의미합니다. 위의 그래프처럼 각각의 기간별 이동평균선을 볼 수 있습니다.

이동평균선은 주식을 단기로 매매하는 트레이딩을 할 때 주로 많이 활용합니다. 주식 트레이딩이 아닌 주식 투자를 하는 경우, 기업의 펀더멘털을 보고 투자하기 때문에 이런 차트는 그냥 참고만 하길 바랍니다.

경제방송에서 "단기 이평선이 중기 이평선을 돌파하면서 골든 크로스가 발생했다."며 매수시점이라고 하고, 또 "단기 이평선이 중기 이평선 밑으로 하락해서 데드크로스가 발생했다."며 매도시점이라고 하는 얘기를 들어 보셨나요? 이런 얘기들도 모두 장기투자 관점이 아닌 단타나 트레이딩 관점에서만 얘기하는 것이기 때문에 장기투자자의 관점에서는 크게 신경 쓸 필요 없습니다.

물론 주식 투자에 참고할 수는 있겠지만 장기투자자의 관점에서 내가 이 기업의 기업가치가 몇 년 뒤에 지금보다 몇 배 더 성장해 있을 것이라는 생각으로 투자했다면, 주가가 하락하는 시점은 내가 유망하다고 생각한 기업의 주식을 더 싸게 살 수 있는 기회입니다. 그러기 위해서는 기업을 정확히 분석할 수 있는 능력을 키우고 공부해야 합니다.

03

기업의 적정 주가를 판단하기 위해 알아야 할 것들

적정 주가를 판단하는 방법

US STOCKS

주식 투자로 돈 버는 방법은 유망한 기업의 주식을 싸게 사서 비싸게 팔면 됩니다. 일반 주식 투자자들이 가장 힘들어하는 부분이 주식을 매수하려고 할 때 주가가 싼지 비싼지를 잘 모른다는 것입니다. 지금부터는 투자하려고 하는 회사의 주가가 싼 건지 비싼 건지 알아보기 위해서 기업의 적정 주가를 직접 계산하는 방법을 배워 보겠습니다.

유명한 투자의 대가인 피터 린치가 이런 말을 한 적이 있습니다.

"부동산으로 돈을 벌고, 주식은 돈을 잃는 이유가 있다. 집을 살 때는 몇 달을 투자하지만, 주식을 살 때는 몇 분 만에 끝내기 때문이다."

왜 주식을 살 때는 부동산 살 때만큼 고민을 하지 않을까요? 대부분은 봐도 잘 모른다고 생각하기 때문입니다.

"아~ 봐도 내가 뭐 아나? 그냥 전문가가 추천해 주는 것 사지 뭐."

이렇게 기사 몇 개 대충 보고, 유튜브에서 영상 몇 개 대충 보고 주식을 삽니다. 부동산 투자와 주식 투자는 다르지 않습니다.

부동산 투자 VS 주식 투자

부동산 투자		주식 투자	
부동산 매매 과정	**확인 사항**	**기업 투자 과정**	**확인 사항**
부동산 중개인 미팅	매물 소개, 시세 문의	X	X
현장 방문	물이 새는 곳이 없는지?	X	X
집주인(세입자) 미팅	층간 소음은 없는지 등 문의	기업 홈페이지 방문	사업계획서 등을 열람
현장 주변 답사	교통, 학군, 대형마트 유무	해당 사업의 산업군 전망	발정 가능성 있는 유망한 산업인가?
향후 부동산 상승 여부 검토	과거 실거래 시세 등 조회	기업의 미래 전망 분석	매출이나 이익이 앞으로 오를까?
등기부등본 열람	근저당 유무 등 점검	기업의 재무재표 열람	매출/이익 내역, 부채비율 등 점검
가격 협상	이사비만 좀 빼 주세요~	투자 기업의 가치 산정	투자지표 분석, 동종 업계와 비교
계약	등기 이전 등 행정 작업	X	X

부동산에 투자하는 과정을 주식 투자와 비교해 보겠습니다.

이사할 때 어떤 과정으로 집을 고르나요? 먼저 인터넷으로 아파트를 검색해 보면서 아파트의 시세가 어떤지 봅니다. 그리고 마음에 드는 집 몇 군데를 골라서 부동산 중개인에게 전화해서 시세 문의를 하며 여러 가지 정보를 얻습니다. 그 다음에는 직접 현장에 방문해서 꼼꼼히 확인해 보죠. 혹시라도 물이 새는 곳은 없는지, 화장실은 괜찮은지도 확인합니다. 집주인이나 세입자도 만나서 층간 소음은 없는지 이것저것 물어보죠. 집을 다 살펴보고 나면 동네를 돌아다니면서 마트나 학교, 지하철역이 가까운지도 확인합니다.

아파트 가격이 적정한지 살펴보기 위해 인터넷에서 과거 실거래가도 확인해 봅니다. 지금 사면 몇 년 뒤에 가격이 오를지도 생각하면서 최종 구매 전에 등기부등본을 열람해 봅니다. 내가 잘 모르면 부동산 중개인의 설명을 열심히 듣습니다. 그리고 집주인이랑 가격 협상을 하고, 마지막으로 계약하고 등기 이전 등 행정 작업까지 마무리합니다.

이런 과정을 거치는 데 시간이 얼마나 소요될까요? 아무리 빨리 결정한다고 해도 최소 한 달은 걸릴 것입니다.

주식 투자를 할 때에도 이 정도의 시간과 노력을 투자한다면 돈을 벌 수 있습니다. 적어도 잃지 않는 투자를 할 수 있습니다. 주식 투자도 부동산 투자와 다르지 않습니다. 부동산 살 때 현장을 방문하는 것처럼 기업 홈페이지를 방문해서 사업계획서를 보거나 여러 기사와 자료를 보면서 회사가 어떤지를 먼저 봅니다. 그리고 아파트 동네 주변에 뭐가 있는지, 교통은 편한지를 보는 것처럼 회사가 하는 비즈니스 분야가 앞으로 유망한지를 확인합니다.

이 아파트를 사면 앞으로 오를 것인지 생각해 보는 것처럼 이 회사에 투자하면 내 투자금이 오를지에 대한 검토를 합니다. 그러기 위해서 이 기업의 차별화된 기술력은 있는지, 해당 산업 분야는 앞으로 성장 가능성이 있는지, 매출이나 순이익이 오를지를 확인해 보는 것입니다.

아파트 등기부등본을 보고 근저당 설정은 있는지, 또 다른 문제는 없는지 보는 것처럼 기업의 재무제표를 보면서 회사가 이익을 잘 내는지, 부채가 너무 많은 것은 아닌지, 그 밖의 문제점이 없는지도 살펴봅니다. 마지막으로 아파트 가격이 적절한지 비싼 건 아닌지 보는 것처럼 주가도 적정한 것인지 판단해 봅니다.

이렇게 부동산 투자와 주식 투자는 크게 다르지 않은데도 불구하고, 주식은 그냥 감으로 하는 이유는 막연하게 어려운 분야라고 생각하기 때문입니다.

지금부터는 기업의 주가가 비싼 건 아닌지 적당한지 계산하는 방법을 배워 보겠습니다. 이것을 계산해 보기 전에 기본적인 주식용어 몇 가지를 배우고 개념을 이해해야 합니다.

투자지표 분석을 위한 주식용어 이해

ROE(Return On Equity) - 자기자본 이익률

투입한 자기자본이 얼마만큼의 이익을 냈는지를 나타내는 지표.
'(당기순이익 / 자기자본) × 100'의 공식으로 산출된다.
기업이 자기자본(주주지분)을 활용해 1년간 얼마를 벌어들였는가를 나타내는 대표적인 수익
성 지표로서 경영효율성을 표시한다.

PER(Price Earning Ratio) - 주가 수익 비율

현재 시장에서 매매되는 특정회사의 주식가격을 주당순이익으로 나눈 값.
어떤 회사의 주식가치, 더 나아가 전체 주식시장의 가치가 고평가됐는지 가늠할 수 있는 유용
한 잣대다.
한 주에 10,000원 하는 회사 주식이 1년에 주당 1,000원의 순이익을 낸다면? PER는 10이
된다.

PSR(Price Sales Ratio) - 주가 매출 비율

주가를 주당매출액으로 나눈 값. 또는 시가총액에서 매출액을 나눈 값.
현재의 시가총액(기업가치)이 매출액의 몇 배인가를 나타내는 수치이다.
PSR = 시가총액 / 연매출, PER와 마찬가지로 주가가 저평가인지 고평가인지 판단하는 기준
이 된다.

PBR(Price Book-value Ratio) - 주가 순자산 비율

주가를 주당순자산가치로 나눈 비율. 주가와 1주당 순자산을 비교한 수치이다.
주가가 순자산(자본금과 자본잉여금, 이익잉여금의 합계)에 비해 1주당 몇 배로 거래되고 있는지
를 측정하는 지표이다.
PBR = 주가 / 주당순자산

위의 표에서 보이는 ROE, PER, PSR, PBR 4가지 주식용어의 개념
을 먼저 배워 보겠습니다.

코스피	코스닥									
N	종목명	현재가	전일비	등락률	액면가	상장주식수	시가총액	매출액	PER	ROE	PBR	토론실
1	삼성전자	59,000	▼ 200	-0.34%	100	5,969,783	3,522,172	2,304,009	18.46	8.69	1.53	
2	SK하이닉스	78,400	▲ 1,800	+2.35%	5,000	728,002	570,754	269,907	24.97	4.25	1.09	
3	삼성바이오로직스	761,000	▼ 3,000	-0.39%	2,500	66,165	503,516	7,016	146.60	4.77	11.33	
4	NAVER	306,000	▼ 1,500	-0.49%	100	164,263	502,646	65,934	71.33	10.56	6.43	
5	LG화학	705,000	▼ 8,000	-1.12%	5,000	70,592	497,676	286,250	121.53	1.84	3.11	
6	삼성전자우	50,900	▲ 200	+0.39%	100	822,887	418,849	N/A	15.93	N/A	1.32	
7	셀트리온	298,500	0	0.00%	1,000	134,994	402,956	11,285	100.67	11.19	13.08	
8	현대차	171,500	▲ 2,500	+1.48%	5,000	213,668	366,441	1,057,464	24.71	4.32	0.64	
9	카카오	379,000	▼ 6,500	-1.69%	500	88,035	333,651	30,701	-216.57	-5.81	5.39	
10	삼성SDI	429,500	▼ 500	-0.12%	5,000	68,765	295,344	100,974	157.79	2.94	2.34	

먼저 익숙한 기업들을 한 번 보겠습니다. 위 표는 국내 기업들을 시가총액 기준으로 정렬한 자료입니다. 네이버 증권 페이지에서 검색해 볼 수 있습니다. 여기서도 PER, ROE, PBR와 같은 주식용어들이 보입니다. 주식을 처음 하는 사람은 이런 용어들을 사전에서 검색해 봐도 이해가 잘 안 될 것입니다.

그래서 쉬운 예를 들어 설명하겠습니다. 여러분이 직장을 그만두고 치킨집을 하나 오픈한다고 가정하겠습니다. 직장생활해서 모은 돈 1억 원을 준비했습니다. 마음에 드는 가게를 구했는데 보증금이 1억 원이라고 합니다. 장사를 하려면 인테리어도 해야 하고, 튀김기계나 의자와 테이블 등 지출해야 할 돈이 5,000만 원 정도 더 필요한데, 돈이 부족해서 어쩔 수 없이 은행에서 5,000만 원 대출을 받았습니다. 그래서 총 1억 5,000만 원을 준비했습니다.

드디어 장사를 시작해서 1년이 지났는데 1년간 매출이 합해서 3

ROE(Return On Equity) - 자기자본 이익률

투입한 자기자본이 얼마만큼의 이익을 냈는지를 나타내는 지표.
'(당기순이익 / 자기자본) × 100'의 공식으로 산출된다. 기업이 자기자본(주주지분)을 활용해 1년간 얼마를 벌어들였는가를 나타내는 대표적인 수익성 지표로서 경영효율성을 표시한다.

창업자금

내 돈(자본금) : 1억 원
남의 돈(은행부채) : 5,000만 원
= 1억 5,000만 원
(보증금 1억 원, 집기 5,000만 원)

매출 및 순이익

연 매출 = 3억 원
- 모든 비용(2억 7,000만 원)
= 순이익 = 3,000만 원

ROE
3,000만 원 / 1억 원 × 100 = 30%

억 원이 나왔고, 원가와 인건비까지 모든 비용을 다 빼고 나니 가게 통장에 3,000만 원 이익이 났습니다.

ROE란 연간 순이익에서 남의 돈이 아닌 순수한 내 돈을 나눈 비율입니다. 그래서 ROE를 우리말로 자기자본 이익률이라고 합니다. 창업자금은 총 1억 5,000만 원이었습니다. 그런데 남의 돈 말고 순수한 내 돈 1억 원으로 1년에 순이익 3,000만 원이 났다면 3,000만 원 /

1억 원 × 100 = 30%가 나옵니다. 즉 ROE는 빌린 돈을 제외한 순수한 내 돈을 가지고, 1년에 얼마나 순이익을 냈는지를 의미합니다.

이제 ROE의 사전적인 뜻에 대해서 다시 보겠습니다.

ROE(Return On Equity) | 자기자본 이익률

투입한 자기자본으로 얼마만큼의 이익을 냈는지 나타내는 지표로 당기순이익 나누기 자기자본 곱하기 100의 공식으로 산출된다. 기업이 자기자본을 활용해서 1년간 얼마를 벌어들였는가를 나타내는 대표적인 수익성 지표로 경영효율성을 표시한다.

쉽게 말해서 남의 돈이 아닌 내 돈을 가지고 1년에 얼마나 이익을 냈냐는 것입니다. 이 치킨집은 총 1억 5,000만 원으로 창업했지만 순수한 내 돈은 1억 원이고, 연간 3,000만 원의 이익을 냈으니 ROE가 30%가 됩니다. 그러면 ROE는 높으면 높을수록 좋은 것이겠죠? 투자자 입장에서도 ROE가 높은 기업에 투자하는 게 좋을 것입니다.

그러면 은행에서 빌린 돈, 즉 부채까지 포함해서 총 1억 5,000만 원의 자금으로 연간 순이익 3,000만 원을 냈을 경우에 대해서도 볼 수 있는 지표가 있습니다.

바로 ROA(Return On Asset), 즉 총자산 이익률을 의미합니다.

$$ROA = \frac{순이익}{총자산} \times 100$$

여기서 총자산은 내 돈과 남의 돈을 합친, 사업을 하는 데 들어간 총비용을 의미합니다. 정리하면 ROE는 내 돈만 가지고 얼마의 이익을 냈는지 알 수 있는 지표이고, ROA는 내 돈과 남의 돈까지 모두 합친 돈으로 얼마의 이익을 냈는지 알 수 있는 지표입니다.

이 치킨집은 총 1억 5,000만 원으로 연간 3,000만 원의 이익을 냈으니, 3,000만 원 / 1억 5,000만 원 × 100 = 20%, 즉 ROA는 20%가 나옵니다.

이렇게 치킨집을 시작한 지 3년이 지났다고 가정하겠습니다. 3년간 치킨집을 잘 운영하다가 치킨집을 그만두고 다른 것을 해 보고 싶어서 치킨집을 다른 사람에게 넘기고 싶다고 가정하겠습니다. 여러분이라면 얼마에 넘기고 싶나요? 내가 열심히 일해서 매출이나 이익도 잘 나오게 만들었으니까 권리금도 좀 받아야겠죠? 단골손님도 많이 생겼고 1년에 3,000만 원 순이익도 나는 가게라 보증금 1억 원에 권리금을 1억 원 정도 붙여서 2억 원에 내놨다고 하겠습니다. 누군가 2억 원에 가게를 인수하겠다고 해서 2억 원에 넘겼다면, 이 치킨집의 가치는 2억 원이란 금액으로 인정을 받은 것입니다.

옆 페이지의 그림에서 오른쪽 변에 해당하는 부분이 바로 PER (Price Earning Ratio), 즉 주가 수익 비율이라고 말합니다. 이렇게 용어의 뜻을 생각하면 더 헷갈릴 수 있으니, 쉽게 풀어서 설명하겠습니다. 개념을 먼저 이해하면 쉽습니다.

1년에 3,000만 원 순이익이 나는 가게인데 2억 원에 넘겼다고 하면, 2억 원 / 3,000만 원 = 6.7 정도가 나옵니다. 6.7이 바로 PER이고, PER는 몇 배라고 표현합니다. 즉 이 치킨집의 PER는 6.7배가 되는 것입니다

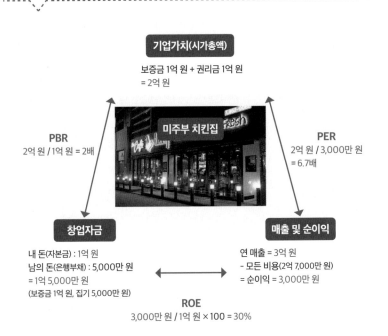

기업가치(시가총액)

보증금 1억 원 + 권리금 1억 원
= 2억 원

PBR
2억 원 / 1억 원 = 2배

PER
2억 원 / 3,000만 원
= 6.7배

창업자금

내 돈(자본금) : 1억 원
남의 돈(은행부채) : 5,000만 원
= 1억 5,000만 원
(보증금 1억 원, 집기 5,000만 원)

매출 및 순이익

연 매출 = 3억 원
- 모든 비용(2억 7,000만 원)
= 순이익 = 3,000만 원

ROE
3,000만 원 / 1억 원 × 100 = 30%

다. 여러분의 가족이 치킨집을 한다고 2억 원을 투자해 달라고 합니다. 매년 3,000만 원의 금액을 이익금으로 주겠다고 합니다. 그러면 여러분은 2억 원이란 투자금을 회수하는 데 총 6.7년이 걸리겠죠? 7년차부터는 투자금을 이미 회수했으니, 매년 3,000만 원씩 투자금 이상을 벌게 되는 것입니다. 여러분이라면 이 제안을 받고 투자하겠습니까?

그러면 위의 그림에서 왼쪽 변을 보겠습니다. 지금부터는 PBR의 개념에 대해 설명하겠습니다. 내 돈 1억 원으로 시작했는데, 치킨집을 2억 원에 넘겼다면 PBR는 2억 원 / 1억 원 = 2배가 나옵니다. 즉 이 치킨집의 PBR=2배가 되는 것입니다.

PBR는 Price Book-Value Ratio, 주가 순자산 비율입니다. 쉽게 말해서 PBR는 부채를 제외한 내 돈 얼마를 가지고 시작했는데 그 기업의 가치가 얼마인지를 계산한 값입니다. PBR를 청산가치라고 부르기도 합니다. 예를 들어, PBR=1이라면 내가 투자한 이후 그 기업이 망했다고 해도 그 기업의 순자산을 모두 청산해서 내 투자원금을 회수할 수 있다는 의미로 이 지표를 해석하기도 합니다.

그러면 다시 PER 이야기를 해 보겠습니다. 가게를 인수하는 사람 입장에서는 PER가 낮은 게 좋을까요? 높은 게 좋을까요? PER가 낮다는 의미는 매년 3,000만 원 순이익이 나는 가게를 더 싸게 인수할 수 있는 것이니 인수하는 사람 입장에서 좋은 것입니다.

어떤 기업에 투자를 할 때에도 이 PER 배수가 낮다면 기업이 순이익을 내는 것에 대비해서 상대적으로 주가가 싸다는 의미로 해석할 수 있습니다. 투자자 입장에서도 PER가 낮은 게 좋습니다. 가치투자 관점에서는 낮은 PER의 기업에 투자하는 것을 선호하지만, 실제로 기업에 투자하는 경우 PER가 낮으면 무조건 좋다는 것으로 해석을 하면 안 됩니다. 이 부분은 뒤에서 다시 자세히 설명하겠습니다.

PBR도 PER와 마찬가지로 수치가 낮다면 가게를 싸게 인수한 것이니 좋은 가격에 산 것입니다. PBR도 낮으면 낮을수록 저평가된 것이라고 볼 수 있습니다.

지금부터는 주식 투자의 관점에서 치킨집을 다시 보겠습니다. 치

기업가치(시가총액)

기업가치(시가총액) = 2억 원
주식 1주당 가치 = 1,000원
(1,000원 × 20만 주 = 2억 원)

PBR
2억 원 / 1억 원 = 2배

미주부 치킨집

PER
2억 원 / 3,000만 원
= 6.7배

창업자금

내 돈(자본금) : 1억 원
1주당 주식 액면가 : 500원
총발행주식 = 20만 주
(500원 × 20만 주 = 1억 원)

매출 및 순이익

연 매출 = 3억 원
순이익 = 3,000만 원
순이익 / 발행주식수 = EPS
(3,000만 원 / 20만 주 = 150원)

ROE
3,000만 원 / 1억 원 × 100 = 30%

킨집을 처음에 시작할 때 법인으로 시작했다고 가정하겠습니다. 자본금은 1억 원으로 설정했고, 주식 액면가는 500원으로 정했습니다. 그러면 주식을 몇 주 발행해야 할까요? 자본금 1억 원 / 액면가 500원 = 20만, 액면가 500원짜리 주식 20만 주를 발행한 것입니다. 이 회사의 기업가치, 다시 말해서 시가총액이 2억 원이라면 자본금 1억 원짜리 회사가 2억 원으로 2배가 된 것이죠? 그러면 500원짜리 주식이 2배인 1,000원이 된 것입니다. 1주당 가격 1,000원 × 20만 주 = 2억 원이 나옵니다. 즉 액면가 500원짜리의 주식이 실거래가 1,000원에 거래되는 것입니다. 우리가 주식을 사고파는 가격이 바로 이 실거래가입니다. 모든 기업이 액면가가 있는데, 실제로 거래되는 주식의 가격이 다른 이유는 이렇게 기업가치가 다르기 때문에 주가도 다른 것입니다.

앞 페이지의 그림을 보고 EPS까지 계산해 보겠습니다. EPS는 Earning Per Share, 즉 주식 1주당 순이익이 얼마인지를 의미합니다. EPS는 다음과 같이 계산합니다.

$$EPS = \frac{순이익}{총발행주식수}$$

기업의 1년 순이익에 총발행주식수를 나눈 값이 바로 EPS입니다. 그러면 위의 그림을 보면서 치킨집의 EPS를 계산해 볼까요? 치킨집의 1년 순이익이 3,000만 원이고 총발행주식이 20만 주입니다. 그러면 3,000만 원 / 20만 주 = 150원이 나옵니다. 이 치킨집의 EPS = 150원입니다. 그러면 이 치킨집의 투자지표들을 정리해 보겠습니다. ROE는 30%이고 ROA는 20%입니다. PER는 6.7배, PBR는 2배, EPS=150원입니다.

이렇게 치킨집으로 예를 들어 설명하니 이해가 쉽게 되지 않나요? 좀 더 이해를 돕기 위해 다른 예를 들어 보겠습니다. 가게를 2억 원에 넘기려고 했는데, 동네 부동산 중개인이 이 가게 바로 앞에 지하철역이 들어온다는 이야기를 해 줍니다.

가게 바로 앞에 지하철역이 들어오면 유동인구도 훨씬 더 많아질

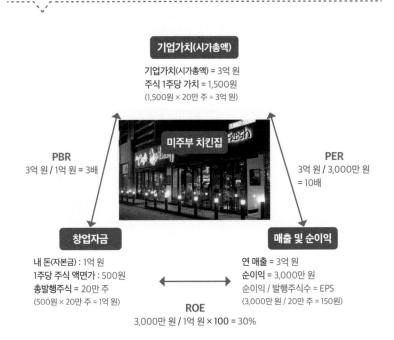

기업가치(시가총액)

기업가치(시가총액) = 3억 원
주식 1주당 가치 = 1,500원
(1,500원 × 20만 주 = 3억 원)

PBR
3억 원 / 1억 원 = 3배

PER
3억 원 / 3,000만 원
= 10배

창업자금

내 돈(자본금) : 1억 원
1주당 주식 액면가 : 500원
총발행주식 = 20만 주
(500원 × 20만 주 = 1억 원)

매출 및 순이익

연 매출 = 3억 원
순이익 = 3,000만 원
순이익 / 발행주식수 = EPS
(3,000만 원 / 20만 주 = 150원)

ROE
3,000만 원 / 1억 원 × 100 = 30%

것이고 장사가 더 잘 되겠죠? 그래서 2억 원에 계약하겠다는 사람에게 1억 원을 더 높여서 총 3억 원에 인수하는 것을 제안합니다. 그런데 인수하려는 사람이 가만히 생각을 해 보니 3억 원에 인수해도 지하철역이 들어오면 연간 매출이나 순이익이 더 오를 것이라는 생각이 들어, 3억 원에 인수하는 것에 합의를 봤다고 가정하겠습니다. 그러면 이 치킨집의 기업가치는 3억 원이 된 것입니다. 치킨집의 1주당 주가도 1,000원에서 1,500원으로 올랐습니다. 치킨집이 3억 원이 된 것이니 1,500원 × 총발행주식 20만 주 = 3억 원이 됩니다. 이렇게 이 치킨집은 지하철역이 들어올 것이라는 기대감에 주가가 1,000원에서 1,500원으로 상승했습니다.

투자지표를 하나 더 배워 보겠습니다. PSR(Price Sales Ratio), 즉 주가 매출 비율입니다. PSR는 기업가치에 매출을 나눈 값입니다. 치킨집의 기업가치는 3억 원이고 연매출이 3억 원이었으니, 3억 원 / 3억 원 = 1, 이 치킨집의 PSR는 1배입니다. 만약에 이 치킨집을 6억 원에 넘긴다고 가정하면 6억 원 / 3억 원 = 2, 이 치킨집의 PSR는 2배가 됩니다. PSR는 기업이 이익을 아직 내지 못하더라도 매출 성장성이 높은 기업의 투자지표로 많이 활용합니다.

기업 재무제표
보는 법

U S   S T O C K S

기업의 재무제표를 보는 법에 대해서 배워 보겠습니다. 이 재무제표만 깊이 공부한다고 하면 따로 책 한 권을 써야 할 정도로 공부해야 할 양이 많을 수도 있습니다. 하지만 초보 주식 투자자의 관점에서 재무제표가 무엇인지, 기본 개념을 배우고, 재무제표의 어느 부분을 봐야 하는지 필요한 부분 위주로 배워 보도록 하겠습니다.

재무제표는 크게 재무상태표, 손익계산서, 현금흐름표로 구성됩니다. 재무상태표는 한마디로 이 회사에 재산이나 부채가 얼마나 있는지를 정리해 놓은 것입니다. 회사에 현금은 얼마나 있고, 재고는 얼마나 있는지, 그리고 회사 소유의 땅이나 건물은 있는지, 아니면 은행 빚과 같은 부채는 얼마나 있는지, 한마디로 회사의 재산내역서 같은 것입니다. 이 재무상태표만 보면 회사의 자산이나 부채에 대한 모든 내역을 알 수 있습니다.

재무상태표
- 기업의 모든 재산 내역을 볼 수 있는 표
- 자산 = 자본(내 돈) + 부채(빌린 돈)

손익계산서
- 기업이 장사를 잘했는지 못했는지 보여 주는 표
- 매출 - 원가 - 모든 비용 = 영업이익
- 영업 외 수입이나 지출까지 계산 = 당기순이익

현금흐름표
- 실제로 돈이 계좌에 들어오고 나간 것을 기입
- 영업활동, 투자활동, 재무활동 3가지로 표기

　　손익계산서는 우리가 집에서 쓰는 가계부 같은 것입니다. 한마디로 기업이 장사를 잘했는지 못했는지 알 수 있는 표입니다. 손익계산서를 보면 돈은 얼마를 벌었고, 어디에 지출했으며, 지출한 것을 빼면 순이익이 얼마가 남았는지에 대해서 알 수 있습니다.

　　현금흐름표는 통장에 현금이 들어오고 나간 것을 별도로 정리한 것입니다. 현금흐름표는 영업활동, 투자활동, 재무활동 3가지로 구분해서 볼 수 있습니다. 영업활동 현금흐름에는 회사가 번 돈이 수금은 잘되고 있는지, 영업활동과 관련한 수입 및 지출 내역이 정리되어 있습니다. 투자활동 현금흐름에는 회사가 앞으로 돈을 더 많이 벌기 위해 어디에 투자를 하는지에 대해서 수입 및 지출 내역이 정리되어 있습니다. 재무활동 현금흐름에는 회사가 돈이 부족할 경우 은행에서 돈을 빌리거나 갚은 돈은 얼마인지, 이자는 얼마를 냈는지에 대해 정리되어 있습니다.

아래 표는 재무상태표의 기본 틀입니다. 실제 기업의 재무상태표는 항목이 더 많지만, 우선 큰 흐름부터 개념을 잡을 수 있도록 설명하겠습니다. 재무상태표는 기업의 모든 재산 내역을 볼 수 있는 표입니다. 먼저 표 오른쪽에 있는 자본과 부채에 대해 배워 보겠습니다.

기업의 모든 재산 내역을 볼 수 있는 재무상태표

- 내 돈과 남의 돈으로 이렇게 사용하고 있다.
- 사용하고 남은 돈은 얼마다.

재무상태표

- 사업을 하는 데 돈은 어떻게 만들었나?
- 자본(내 돈) + 부채(남의 돈)로 조달했다.

자산(차변)		자본 + 부채(대변)	
유동자산	**당좌자산** 현금, 단기매매증권, 매출채권 등	자본	**자본금**
	재고자산 상품, 제품, 원재료		**자본잉여금** 주식발행초과금, 감자
비유동 자산	**투자자산** 장기금융상품, 만기보유증권, 장기대여금 등		**이익잉여금** 이익준비금, 처분전 이익잉여금 등
	유형자산 건물, 토지, 기계장치		**자본조정** 주식할인발행차금, 자기주식
	무형자산 특허권, 산업재산권, 영업권 등	부채	**유동부채** 1년 내 상환 채무 (단기차입금, 미지급금 등)
			비유동부채 1년 이후 상환 채무 (장기차입금, 퇴직급여 충당금)
자금 사용 결과		**자금의 조달**	

자본과 부채는 쉽게 말해서 사업을 하는 데 돈은 어디서 났고, 얼마를 투입했고, 사업을 통해 얼마나 벌었는지, 그리고 부족한 돈은 어떻게 조달했는지를 알 수 있습니다.

부족한 돈을 어떻게 조달했는지에 대한 부분이 바로 부채 항목입니다. 부족한 돈을 은행에서 빌릴 수도 있고, 거래처에 줘야 할 돈을 아직 안 줬을 경우에도 언젠가 갚아야 할 돈이기 때문에 부채 항목에 표기됩니다. 한마디로 부채 항목에 표기되는 금액은 은행이건 거래처이건 언젠가는 모두 갚거나 지불해야 하는 항목들을 의미합니다. 그래서 표 오른쪽의 자본과 부채 항목은 결국 사업을 하려면 돈이 있어야 하는데 이 돈을 어떻게 조달했는지를 한눈에 보여 줍니다.

이제 표 왼쪽에 있는 자산에 대해 설명하겠습니다. 이렇게 내 돈과 남의 돈으로 돈을 쓰면서 사업을 하는데, 왼쪽 항목은 돈을 어디에 어떻게 썼고, 쓰고 남은 돈은 얼마가 있는지 알 수 있는 부분입니다. 다시 말해 자금 사용의 결과, 즉 기업의 모든 자산 내역을 보여 줍니다.

$$자산 = 자본 + 부채$$

그렇기 때문에 왼쪽에 있는 자산과 오른쪽의 자본과 부채의 합이 항상 같아야 합니다. 즉 내 돈(자본)과 남의 돈(부채)을 사용해서 어떻게 사업을 했는지 자산 내역을 보면 알 수 있다는 것입니다. 이런 이유로 자본과 부채를 더한 값이 자산과 같아야 합니다. 이렇게 개념에 대한 설명만 하면 이해가 안 될 수도 있습니다. 그래서 재무제표도 치킨집 창업을 예로 들어 설명하겠습니다. 그 전에 용어에 대해서 먼저 알아보겠습니다.

앞의 표에서 자본 항목에 있는 자본금이란 처음에 회사를 설립할 때 들어간 돈입니다. 이익잉여금은 말 그대로 이익을 내서 남은 돈을 의미합니다. 예를 들어, 1년 동안 사업을 했는데 3,000만 원의 이익이 났다면 이익금이 이익잉여금 항목에 기입되는 것입니다.

이 책은 주식 투자 입문자를 위한 것이라 주식 투자 입문자 관점에서 꼭 알아야 할 재무제표에 대한 개념 위주로 설명하고 있습니다. 재무제표에 대하여 너무 깊이 들어가면 시작부터 어려울 수 있기 때문에 큰 개념부터 이해할 수 있도록 설명하겠습니다.

그러면 오른쪽의 부채 항목에 대해 알아보겠습니다. 부채는 크게 유동부채와 비유동부채로 나뉩니다. 유동부채는 1년 내에 갚아야 할 돈을 의미합니다. 1년 내에 은행에 갚아야 할 돈이 있을 수도 있고, 은행 외에 거래처에 줘야 할 돈, 즉 외상금 같은 것이 있을 수도 있습니다. 비유동부채는 1년 이후에 갚아도 되는, 좀 시간적인 여유가 있는 채무를 의미합니다. 재무제표를 볼 때는 전체적으로 부채가 얼마나 많은지도 봐야 하지만 특히 유동부채를 잘 봐야 합니다. 왜냐하면 회사에서 1년 내에 급하게 돈이 나가야 할 돈이 얼마나 있고, 지불할 능력이 되는지 봐야 하기 때문입니다.

왼쪽의 자산 항목을 보면 유동자산과 비유동자산이 있습니다. 자산 항목은 오른쪽의 자본과 부채를 통해 조달한 돈을 어떻게 사용했는지 정리한 것입니다. 자산도 크게 유동자산과 비유동자산으로 나넙니다. 유동자산은 1년 내에 변동이 있을 수 있는 것들을 의미합니다. 예를 들어, 물건을 파는 회사라고 하면 재고자산이 있을 수 있고, 현금자산도 쉽게 이동할 수 있으니, 보유하고 있는 현금은 모두 당좌자산 항목에 포함됩니다.

비유동자산은 1년 이내에 현금화하기 어려운 자산을 의미합니다. 건물이나 토지, 기계장치 같은 것들이 있을 수 있습니다. 나머지 자산 항목들은 우선 이런 것들이 있다는 정도로만 알고 넘어가겠습니다. 실제로 예를 들어 설명하면 더 쉽게 이해할 수 있기 때문에 뒤에서 치킨집을 예로 들어서 설명하겠습니다.

다음으로 손익계산서의 기본 개념에 대해 배워 보겠습니다. 손익계산서도 실제 기업의 손익계산서 내부 자료를 보면 항목이 많지만, 우선 큰 흐름을 먼저 이해할 수 있도록 하겠습니다. 옆 페이지의 표를 보면 매출액과 매출원가가 있습니다. 매출액은 어떤 물건을 파는데 발생한 실제 수익을 의미하고, 매출원가는 그 제품을 팔기 위해 들어간 직접적인 비용을 의미합니다. 예를 들어, 커피 1잔을 파는 데 들어간 직접적인 비용은 커피원두, 컵, 홀더, 빨대 같은 것들입니다. 이렇게 제품을 판매하는 데 들어가는 직접적인 비용을 매출원가라고 합니다. 만약 커피 1잔을 5,000원에 팔았고 커피 1잔에 대한 매출원가의 합이 1,000원이라고 한다면 매출이익은 4,000원입니다.

매출 총이익 = 매출 - 매출원가

기업이 영업을 잘했는지 볼 수 있는 손익계산서

손익계산서

매출액에서 매출원가를 뺀 것(매출이익)

매출이익에서 회사 운영에 들어간 모든 비용을 빼고 남은 이익. (판매비와 관리비) 줄여서 '판관비'라고 함

영업이익에서 영업과 상관 없는 수입과 지출을 더하고 뺀 것

법인세 차감 전 순이익에서 법인세 등 비용을 뺀 이익. 순이익이라고도 함

손익계산서
매출액
-매출원가
매출 총이익
-판매비와 일반 관리비
영업이익
+영업 외 수익
-영업 외 비용
법인세 차감 전 순이익
-법인세
당기순이익

매출이익이란 말은 말 그대로 매출에서 매출원가만 뺀 이익을 의미합니다. 그리고 회사를 운영하면서 들어가는 비용이 있습니다. 직원 급여, 사무실 임대료, 광고비와 같은 모든 회사 영업과 관련한 비용을 판매비와 일반 관리비, 줄여서 판관비라고 부릅니다. 매출이익에서 판관비를 차감한 것이 바로 영업이익입니다.

영업이익 = 매출 총이익 - 판매비와 일반 관리비(판관비)

영업 외 비용이나 수익, 그리고 법인세까지 모두 차감한 이익이 바로 당기순이익입니다. 회사 손익계산서에서 매출, 매출 총이익, 영업

이익, 당기순이익 이 4가지는 투자하기 전에 꼭 확인해야 합니다. 매출과 이익이 계속 성장하는 회사가 앞으로 주가가 오를 수 있는 기업입니다.

물론 재무제표는 기업의 과거 데이터를 보여 주는 것일 뿐이고, 기업의 주가는 미래의 기대감이 반영되는 것이지요. 그런데 어떤 기업의 과거 성장성이 좋았다면 그렇지 않은 기업보다 앞으로 더 성장할 확률이 높을 수 있습니다.

현금흐름표에 대해서 알아보기 전에 지금까지 설명한 재무상태표와 손익계산서에 대해 치킨집 창업을 예로 들어 보겠습니다. 옆 페이지의 그림에서 창업자금으로 들어간 비용으로 재무상태표를 만들어 보겠습니다.

먼저 창업자금은 총 1억 5,000만 원으로 시작했습니다. 내 돈 1억원과 부족한 돈은 은행에서 5,000만 원을 빌려서 창업했습니다. 오른쪽에 있는 재무상태표에서는 자본 항목에 1억 원이 표기되어 있고, 부채 항목 중 장기차입금 항목에 5,000만 원이 표기되어 있습니다. 은행에서 빌린 돈은 1년 이후에 갚아도 되는 돈이라 장기차입금 항목에 표기된 것입니다. 맨 아래 부채와 자본 총계는 1억 5,000만 원으로 표기되어 있습니다.

이렇게 총 1억 5,000만 원을 가지고 장사를 하려면 돈을 써야 합니다. 돈을 어디에 썼는지 왼쪽 자산 항목을 보겠습니다. 먼저 보증금으로 5,000만 원을 냈습니다. 보증금은 1년 이내에 움직이지 않는 자

미주부 치킨집의 재무상태표

미주부 치킨집
들어간 돈 = 1억 5,000만 원, 연간 순이익 = 3,000만 원

기업가치(시가총액)

보증금 1억 원 + 권리금 1억 원 = 2억 원

PBR
2억 원 / 1억 원 = 2배

미주부 치킨집

PER
2억 원 / 3,000만 원
= 6.7배

창업자금

내 돈(자본금) : 1억 원
남의 돈(은행부채) : 5,000만 원
= 1억 5,000만 원
(보증금 5,000만 원, 집기 5,000만 원,
인테리어 5,000만 원)

순이익

매출 3억 원
- 모든 비용 뺀 순이익
= 3,000만 원

ROE
3,000만 원 / 1억 원 × 100 = 30%

자산(차변)			자본 + 부채(대변)		
유동자산	당좌자산		자본	자본금	₩ 100,000,000
	재고자산	₩ 10,000,000		자본잉여금	
비유동자산	투자자산 - 임차보증	₩ 50,000,000		이익잉여금	
	유형자산 - 비품 및 기타	₩ 90,000,000		자본조정	
	무형자산		부채	유동부채	
				비유동부채 - 장기차입금	₩ 50,000,000
자산 총계		₩ 150,000,000	부채와 자본 총계		₩ 150,000,000

산이니까 비유동자산으로 들어가야 합니다. 그리고 투자자산의 임차보증금 내역에 5,000만 원이 기입되어 있습니다. 치킨을 팔려면 닭을 포함해서 기름이나 튀김옷, 양념 등 여러 재료가 있어야 합니다. 이것들을 사는 데 1,000만 원을 지출했다고 가정하겠습니다.

닭이나 튀김옷, 양념 같은 것들은 닭 1마리를 파는 데 직접적으로 들어가는 비용이기 때문에 매출원가에 해당합니다. 매출원가에 해당하는 항목은 재고자산 항목에 기입합니다. 이 재고자산은 1년 이내에 움직이는 자산이므로 유동자산 항목의 재고자산으로 1,000만 원을 기입했습니다.

인테리어에 5,000만 원을 지출하였고, 나머지 4,000만 원은 테이블, 의자, 튀김기계 및 기타 집기 등에 지출했다고 가정하겠습니다. 지출의 합이 총 9,000만 원입니다. 이런 비용은 비유동자산의 비품 및 기타 항목에 표기했습니다.

그러면 자산 총계가 얼마인지 계산해 보겠습니다. 재고자산 1,000만 원, 보증금 5,000만 원 그리고 인테리어나 기타 집기 비용 9,000만 원이 지출되어 총합이 1억 5,000만 원으로 오른쪽의 부채와 자본 총계와 숫자가 일치합니다.

이런 식으로 재무상태표의 개념에 대해, 먼저 큰 틀에서 이해를 하는 것이 좋습니다.

자본을 어떻게 조달했는지에 대한 부분이 자본과 부채이고, 이 돈을 어떻게 사용했는지에 대한 내역서를 자산 항목에 기입하는 것입니다. 이렇게 큰 틀을 먼저 이해해야 재무상태표에서 세부적인 항목들이 나와도 쉽게 이해할 수 있습니다.

시간이 흘러서 1년이 지났습니다. 치킨집을 1년 운영하고 난 뒤의 재무상태표는 어떻게 변했는지 다음 페이지의 표에서 살펴보겠습니다. 1년에 3,000만 원의 순이익을 냈다고 가정하겠습니다. 3,000만 원의 순이익은 이익잉여금이란 항목에 추가됐습니다. 치킨집을 1년간 운영하면서 거래처에 신용이 생겨서 재료비 500만 원 어치를 외상으로 가져올 수 있게 되었습니다. 그래서 외상으로 가져온 재료비는 매입채무라는 항목에 500만 원 금액을 추가했습니다. 1년 안에 지불해야 하는 것이니 유동부채로 넣은 것입니다. 이렇게 외상으로 가져온 재료비 500만 원은 재고자산에 더 추가되어 총 1,500만 원이 되었습니다.

1년 동안 번 돈, 즉 순이익 3,000만 원은 유동자산 항목에 현금자산으로 추가되었습니다. 그래서 맨 아래의 자산 총계와 부채와 자본 총계가 각각 1억 8,500만 원으로 양쪽이 똑같습니다. 투자할 회사의 재무제표를 볼 때, 재무상태표를 통해서 어떤 것을 보고 좋은지 나쁜지를 판단해야 하는지 궁금할 수 있습니다. 너무 어렵고 복잡하다고 생각되더라도 다음 3가지는 꼭 확인해야 합니다. 바로 부채비율과 유동비율, 당좌비율입니다. 이 비율을 보는 이유는 회사가 급히 돈이 나가야 할 일들이 있을 때 대처를 잘할 수 있을지 없을지 때문입니다. 그러면 어떻게 계산하는지에 대해 먼저 알아보겠습니다.

$$유동비율 = \frac{유동자산}{유동부채} \times 100$$

미주부 치킨집 - 1년 뒤
들어간 돈 = 1억 5,000만 원, 연간 순이익 = 3,000만 원

기업가치(시가총액)
보증금 1억 원 + 권리금 1억 원 = 2억 원

PBR
2억 원 / 1억 원 = 2배

PER
2억 원 / 3,000만 원
= 6.7배

창업자금

내 돈(자본금) : 1억 원
남의 돈(은행부채) : 5,000만 원
= 1억 5,000만 원
(보증금 5,000만 원, 집기 5,000만 원,
인테리어 5,000만 원)

순이익

매출 3억 원
- 모든 비용 뺀 순이익
= 3,000만 원

ROE
3,000만 원 / 1억 원 × 100 = 30%

자산(차변)			자본 + 부채(대변)		
유동자산	당좌자산 - 현금	₩ 30,000,000	자본	자본금	₩ 100,000,000
	재고자산	₩ 15,000,000		자본잉여금	
비유동 자산	투자자산 - 임차보증	₩ 50,000,000		이익잉여금	₩ 30,000,000
	유형자산 - 비품 및 기타	₩ 90,000,000		자본조정	
	무형자산		부채	유동부채 - 매입채무	₩ 5,000,000
				비유동부채 - 장기차입금	₩ 50,000,000
자산 총계		₩ 185,000,000	부채와 자본 총계		₩ 185,000,000

유동비율은 1년 내에 지출되어야 할 돈과 1년 이내 현금화 가능한 자산들을 비교해 보는 것입니다. 1년 내에 지출되어야 할 돈이 1년 내에 현금화할 수 있는 자산보다 많다면 회사가 자금 상황이 안 좋은 것으로 판단합니다. 치킨집 유동비율을 계산해 보면 유동자산이 4,500만 원이고 유동부채가 500만 원이니, 4,500만 원 / 500만 원 × 100, 즉 유동비율이 900%가 나옵니다. 일반적으로 유동비율이 100% 이상이면 안정적이라고 볼 수 있습니다.

당좌비율은 유동비율과 비슷하지만 조금 다른 개념입니다. 유동자산에서 재고를 빼고 계산합니다. 왜냐하면 재고는 안 팔리면 현금화하기 힘들 수도 있기 때문입니다. 2020년에 코로나로 주가가 많이 하락한 보잉을 예로 들어보겠습니다. 보잉은 비행기를 만드는 회사입니다. 만들어 놓은 비행기가 유동자산에 재고자산으로 있다고 가정하면 이 비행기 재고를 빨리 팔아서 현금화하기는 쉽지 않습니다. 그래서 현금화하기 힘들 수 있는 재고자산은 빼고 당좌자산만 가지고 계산을 해 보는 것입니다.

$$당좌비율 = \frac{당좌자산}{유동부채} \times 100$$

치킨집은 당좌자산 3,000만 원 / 유동부채 500만 원 × 100이니 당좌비율이 600%가 됩니다. 유동비율과 마찬가지로 당좌비율도 100% 이상이면 급하게 갚아야 할 돈보다 가지고 있는 돈이 많으니 안전한 것으로 봅니다.

부채비율은 부채(유동부채 + 비유동부채) / 자본 × 100을 한 비율을 말합니다. 부채는 유동부채와 비유동부채를 모두 포함한 것을 의미합니다. 치킨집은 자본이 1억 3,000만 원이고 부채가 5,500만 원이니, 계산해 보면 부채비율이 42% 정도 됩니다. 업종에 따라 조금씩 다를 수도 있지만 부채비율은 200% 미만이면 적정하다고 봅니다. 업종과 상관없이 부채비율이 400% 이상이면 잠재적인 위험기업으로 봅니다. 치킨집의 경우 유동비율은 900%, 당좌비율은 600%, 그리고 부채비율은 42%로 재무건전성이 좋습니다.

옆 페이지의 그림은 치킨집을 오픈해서 1년간 장사하고 난 뒤의 손익계산서입니다. 1년간 장사하면서 순이익이 3,000만 원 발생했다고 가정하겠습니다. 손익계산서의 맨 위부터 보면, 매출액은 1년 동안 4억 원입니다. 매출원가는 2억 4,000만 원입니다. 여기에는 닭이나 튀김 기름, 양념, 포장재료 등 모든 재료비가 다 포함되어 있습니다. 매출 총이익은 매출에서 매출원가를 차감한 것으로 1억 6,000만 원입니다. 매출 총이익에서 모든 비용, 즉 판매비와 관리비를 차감한 것이 영업이익입니다. 영업이익은 3,500만 원입니다.

은행에 빌린 돈에 대한 이자도 내야 합니다. 편의상 200만 원으로 잡겠습니다. 법인세 비용도 300만 원으로 잡겠습니다. 순이익 3,000만 원을 맞추려고 참고용으로 한 것이라 실제 세금은 다를 수 있습니다. 세금까지 차감하고 나니 당기순이익이 3,000만 원이 됐습니다.

보통 기업을 볼 때는 영업이익률이나 당기순이익률이 몇 %인지를 봅니다. 영업이익률을 한 번 계산해 보겠습니다. 영업이익 / 매출

미주부 치킨집의 손익계산서

미주부 치킨집 - 1년 뒤
들어간 돈 = 1억 5,000만 원, 연간 순이익 = 3,000만 원

기업가치(시가총액)

보증금 1억 원 + 권리금 1억 원 = 2억 원

PBR
2억 원 / 1억 원 = 2배

PER
2억 원 / 3,000만 원
= 6.7배

창업자금

내 돈(자본금) : 1억 원
남의 돈(은행부채) : 5,000만 원
= 1억 5,000만 원
(보증금 5,000만 원, 집기 5,000만 원,
인테리어 5,000만 원)

순이익

매출 3억 원
- 모든 비용 뺀 순이익
= 3,000만 원

ROE
3,000만 원 / 1억 원 × 100 = 30%

계정과목	1년차	계정과목	1년차
매출액	400,000,000	영업이익	35,000,000
매출원가	240,000,000	영업외 수익	
매출 총이익	160,000,000	이자수익	
판매비와 관리비	125,000,000	영업외 비용	2,000,000
인건비	60,000,000	이자비용	2,000,000
임대료	40,000,000	세전 이익	33,000,000
기타 판매관리비	25,000,000	법인세비용	3,000,000
(퇴직급여)		당기순이익	30,000,000

액 × 100을 해 보면 8.75%가 나옵니다. 당기순이익률은 당기순이익 / 매출액 × 100을 해 보니 7.5%가 나왔습니다. 영업이익률이나 당기순이익률이 높으면 높을수록 돈을 잘 버는 회사이니 좋은 것이겠죠?

이번에는 현금흐름표를 알아보겠습니다. 현금흐름표도 실제로 기업의 회계장부에 있는 현금흐름표를 보면 항목이 많고 복잡한데, 먼저 큰 틀에서 이해할 수 있도록 설명하겠습니다. 현금흐름표는 크게 3가지 항목으로 되어 있습니다. 영업활동으로 인한 현금흐름이 있고, 투자활동으로 인한 현금흐름, 그리고 재무활동으로 인한 현금흐름이 있습니다.

이 현금흐름표는 손익계산서와 좀 다를 수 있습니다. "손익계산서는 발생주의다. 현금흐름표는 현금주의다."라는 말이 있는데, 뭔가 어려운 느낌이 듭니다. 재무제표 공부를 하지 않은 사람이라면 당연히 헷갈릴 수 있습니다. 그래서 예를 들어 설명하겠습니다.

치킨집의 손익계산서상 매출액이 4억 원이었습니다. 이 손익계산서는 연간 손익계산서이니 1월부터 12월까지 1년이라는 기간 동안 발생한 수입과 비용을 기재한 표입니다. 12월 24일 크리스마스 이브에 치킨집 바로 앞에 있는 아주 큰 회사에서 단체로 회식한다고 3,000만 원어치 치킨 주문이 들어왔다고 가정하겠습니다. 그런데 돈은 바로 안 주고 다음 달 말에 결제해 주겠다고 합니다. 주문일이 12월 24일이라면, 다음 달 말에 결제를 해 준다는 말은 올해가 아닌 다음 연도에 결제를 해 준다는 의미입니다.

현금흐름표의 이해

현금흐름표	
	(단위 : 억 원)
1. 영업활동으로 인한 현금흐름	86
① 당기순이익	22
② 현금의 유출이 없는 비용 등의 가산	65
③ 현금의 유출이 없는 수익 등의 차감	42
④ 영업활동으로 인한 자산·부채의 변동	41
2. 투자활동으로 인한 현금흐름	-115
① 투자활동으로 인한 현금 유입액	271
② 투자활동으로 인한 현금 유출액	386
3. 재무활동으로 인한 현금흐름	32
① 재무활동으로 인한 현금 유입액	891
② 재무활동으로 인한 현금 유출액	859
4. 현금의 증가(1+2+3)	3
5. 기초의 현금	31
6. 기말의 현금(4+5)	34

회사가 영업을 통해서 실제로 계좌로 들어온 돈

투자활동을 통해서 들어오고 나간 돈

은행에서 돈을 빌리거나 갚거나 이자를 내는 등 들어오고 나간 돈

치킨집 사장은 '큰 회사인데 설마 돈 떼어먹겠어?'라는 생각에 돈은 나중에 받기로 하고 치킨 3,000만 원어치를 보내줍니다. 이 경우에 손익계산서에는 3,000만 원어치 치킨이 매출로 잡힙니다. '손익계산서가 발생주의다.'라고 하는 의미는 이렇게 실제로 치킨이 나간 시점에 매출로 잡는다는 의미입니다.

반면에 현금흐름표에서는 이 치킨값 3,000만 원이 다음 달 말, 즉 해가 바뀐 내년에 내 계좌로 들어온 시점에 수익으로 인식됩니다. 그리고 치킨값 3,000만 원은 현금흐름표에서 영업활동으로 인한 현금

흐름 쪽에 잡힙니다.

이렇게 큰 개념을 먼저 이해해야 합니다. 회사를 볼 때는 매출액만 높다고 해서 무조건 좋다고 생각하면 안 됩니다. 현금흐름표에서 영업활동으로 인한 현금흐름이 실제로 얼마가 들어왔는지도 확인해 봐야 합니다.

투자활동으로 인한 현금흐름은 기업이 미래를 위해 공장부지를 사거나 공장을 짓는 것처럼 어떤 것에 투자했는지를 의미하는 것입니다. 그리고 재무활동으로 인한 현금흐름은 은행에서 부족한 돈을 빌리거나 돈을 갚거나 이자를 내는 것 등, 쉽게 말하면 사업할 때 부족한 돈을 어떻게 융통하고 상환하는지를 나타내는 부분입니다.

한 번 생각해 볼까요? 영업활동으로 인한 현금흐름은 당연히 플러스인 게 좋겠죠? 플러스라는 의미는 지출한 돈보다 번 돈이 많다는 뜻이 됩니다. 그러면 투자활동으로 인한 현금흐름은 플러스가 좋을까요? 마이너스가 좋을까요? 그리고 재무활동으로 인한 현금흐름도 플러스가 좋을까요? 마이너스가 좋을까요?

원칙이 정해져 있는 것은 아니지만, 투자활동으로 인한 현금흐름은 마이너스를 좋게 봅니다. 쉽게 말해 회사가 미래를 위해 투자를 많이 한다는 뜻입니다. 재무활동으로 인한 현금흐름은 마이너스가 좋겠죠? 마이너스란 얘기는 돈을 갚아 나가고 있다는 의미로 볼 수 있습니다.

정리를 하면 영업활동으로 돈을 많이 벌어서 현금 유입이 많이 되고, 미래의 회사 발전을 위해 투자에 돈을 쓰고, 은행 부채도 계속 갚아

나가면서 재무활동에도 돈을 지출하는 회사가 건강한 기업입니다.

그러면 실제 회사를 보면서 지금까지 배운 것들을 한 번 점검해 보겠습니다. 다음 페이지의 표는 미국 기업인 애플의 재무제표 중 손익계산서로 investing.com에서 애플의 티커인 AAPL로 검색한 것입니다.

이 손익산서에는 2017년부터 2020년까지 4년간의 내용이 연도별로 정리되어 있습니다. 손익계산서를 처음 보는 사람이라면 항목이 많아 복잡하다고 생각할 수 있지만, 손익계산서에서 가장 중요한 부분을 빨간색 상자로 표시해 놓았으니 빨간색 상자 위주로 보면서 손익계산서의 큰 흐름을 먼저 파악해 보세요.

가장 위의 빨간색 상자는 애플의 총매출입니다. 그 다음에 매출원가가 나와 있습니다. 표에서 총이익이라고 나와 있는 부분이 바로 매출이익입니다. 매출에서 매출원가를 뺀 게 매출이익입니다. 그 다음에 영업 및 운영과 관련한 모든 비용이 나와 있습니다. 연구개발비는 별도로 구분해 볼 수 있도록 따로 표기되어 있습니다. 이 영업비용을 차감한 것이 영업이익입니다. 그리고 영업과 상관없는 비용과 수익을 더하거나 빼고 세금까지 빼면 당기순이익이 나옵니다.

애플의 손익계산서

	2020	2019	2018	2017
기말 :	26/09	28/09	29/09	30/09
총매출 ⌄	274515	260174	265595	229234
매출	274515	260174	265595	229234
기타 매출 총계	-	-	-	-
총매출원가	169559	161782	163756	141048
총이익	104956	98392	101839	88186
총영업비용 ⌄	208227	196244	194697	167890
판매/일반/관리 비용 총계	19916	18245	16705	15261
연구 및 개발	18752	16217	14236	11581
감가상각/무형자산상각	-	-	-	-
영업이자비용(수익) 순계	-	-	-	-
특별비용(수익)	-	-	-	-
기타 영업비용 총계	-	-	-	-
영업이익	66288	63930	70898	61344
영업외 이자수익(비용) 순계	890	1385	2446	2878
자산처분이익(손실)	-	-	-	-
기타 비용 순계	-87	422	-441	-133
세전당기순이익	67091	65737	72903	64089
소득세충당금	9680	10481	11872	15738
세후당기순이익	57411	55256	61031	48351
소액주주지분	-	-	-	-
관계회사 주식	-	-	-	-
미국 일반회계기준에 따른 조정	-	-	-	-
특별손익항목 차감전 당기순이익	57411	55256	61031	48351
특별손익항목 총계	-	-	-1500	-
순이익	57411	55256	59531	48351
당기순이익에 대한 조정 총계	-	-	-	-
특별손익항목 제외 보통주주 분배 가능 이익	57411	55256	61031	48351
희석화에 따른 조정	-	-	-	-
희석 당기순이익	57411	55256	59531	48351
희석된 가중 평균 주식	17528.21	18595.65	20000.44	5251.69
특별손익항목 제외 희석 주당순이익	3.28	2.97	3.05	9.21
주당배당금 - 발행 보통주	0.8	0.75	0.68	2.4
희석 정상 주당순이익	3.28	2.97	3.05	9.21

단위 : 백만 USD(주당 항목 제외)

이제 애플의 재무상태표를 한 번 보겠습니다. 참고로 재무상태표를 대차대조표라고 부르기도 합니다. 먼저 빨간색으로 표기한 자산과 총부채, 총자본 부분을 보겠습니다. 부채와 자본을 더해 준 금액

애플의 재무상태표

기말 :	2020 26/09	2019 28/09	2018 29/09	2017 30/09
총유동자산 ⌄	143713	162819	131339	128645
현금 및 단기투자	90943	100557	66301	74181
현금	17773	12204	11575	7982
현금 및 현금성자산	20243	36640	14338	12307
단기투자	52927	51713	40388	53892
총미수금 순계	37445	45804	48995	35673
거래미수금 순계	16120	22926	23186	17874
총재고	4061	4106	3956	4855
선급비용	-	-	-	-
기타 유동자산 총계	11264	12352	12087	13936
총자산 ⌄	323888	338516	365725	375319
총유동부채 ⌄	105392	105718	115929	100814
외상매입금	42296	46236	55888	44242
미지급금/미지급비용	-	-	-	-
미지급비용	1436	-	-	25744
지급어음/단기부채	4996	5980	11964	11977
유동성장기부채/자본리스	8797	10260	8784	6496
기타 유동부채 총계	47867	43242	39293	38099
총부채 ⌄	258549	248028	258578	241272
총자본 ⌄	65339	90488	107147	134047
부채 및 자본 총액	323888	338516	365725	375319
총사외보통주	16976.76	17772.94	19019.94	5216.2
총사외우선주	-	-	-	-

단위 : 백만 USD(주당 항목 제외)

이 총자산의 금액과 같은 것을 확인할 수 있습니다. 파란색 상자로 표기한 총유동자산 부분을 보면 현금 및 단기투자 자산과 같이 현금성자산이 있고, 미수금과 같이 거래처 및 고객으로부터 받아야 할 돈도 1년 내에 현금화할 수 있으므로 현금성자산으로 분류합니다. 총재고도 유동자산으로 분류된 것을 확인할 수 있습니다.

이 책에서는 주식 입문자가 투자하기 전에 반드시 확인해야 할 부분들 위주로 설명하고 있어, 재무상태표에서 유동자산과 유동부채만 펼쳐 놓고 설명한 것입니다. 이렇게 총유동자산과 총유동부채를 알면 유동비율을 계산해 볼 수 있습니다. 총자본과 총부채를 알면 부채비율도 계산해 볼 수 있습니다.

마지막으로 애플의 현금흐름표를 확인해 보겠습니다. 옆 페이지의 표에서 보는 것처럼 영업활동으로 인한 현금흐름, 투자활동으로 인한 현금흐름, 그리고 재무활동으로 인한 현금흐름을 볼 수 있습니다. 회사가 재무적으로 큰 문제가 없다면 현금흐름표에서도 중요한 부분만 확인해 보세요.

첫 번째, 영업활동으로 돈을 잘 벌고 있는지를 살펴봅니다. 2020년 영업활동 현금흐름을 보면 806.74억 달러가 플러스인 것을 확인할 수 있습니다. 간혹 어떤 회사를 보면 손익계산서에서 당기순이익은 플러스인데, 영업활동 현금흐름을 보면 반대로 마이너스인 회사가 있습니다. 이런 회사들은 어떤 문제가 있는지 투자하기 전에 확인해 봐야 합니다. 정상적인 회사의 경우 순이익이 플러스라면 영업활

애플의 현금흐름표

	2020	2019	2018	2017
기말 :	26/09	28/09	29/09	30/09
기간 :	12개월	12개월	12개월	12개월
당기순이익/출발점	57411	55256	59531	48351
영업활동 현금 ∨	80674	69391	77434	64225
감가상각	11056	12547	10903	10157
무형자산상각	-	-	-	-
이연법인세	-215	-340	-32590	5966
비현금항목	6732	5416	4896	4674
현금영수	-	-	-	-
현금지급	-	-	-	-
현금세금지급	9501	15263	10417	11591
현금이자지급	3002	3423	3022	2092
운전자본 증감	5690	-3488	34694	-4923
투자활동현금흐름 ∨	-4289	45896	16066	-46446
자본적지출	-7309	-10495	-13313	-12451
기타 투자활동 현금흐름 항목 총계	3020	56391	29379	-33995
재무활동 현금 ∨	-86820	-90976	-87876	-17974
재무활동 현금흐름 항목	-3760	-2922	-2527	-1874
총현금배당지금	-14081	-14119	-13712	-12769
주식발행(상환) 순계	-71478	-66116	-72069	-32345
부채발행(상환) 순계	2499	-7819	432	29014
환율변동효과	-	-	-	-
현금순변동	-10435	24311	5624	-195
초기현금잔고	-	24533	20289	20484
잔여현금잔고	-	48844	25913	20289
잉여현금흐름	-	58896	64121	51774
잉여현금흐름 성장률	-	-	-	-
잉여현금흐름 수익률	-	-	-	-

단위 : 백만 USD(주당 항목 제외)

동 현금흐름도 비례해서 플러스로 확인됩니다.

두 번째, 투자활동 현금흐름에서 과거부터 살펴보면 마이너스일 때도 있고 플러스일 때도 있습니다. 이는 투자를 공격적으로 했다가 투자한 금액을 다시 회수하면서 플러스가 되었다고 이해하면 됩니다.

세 번째, 재무활동 현금흐름을 살펴보면 계속 마이너스인 것을 확인할 수 있습니다. 참고로 주주에게 지급하는 배당금도 재무활동 현금흐름에서 확인할 수 있습니다.

지금까지 재무제표에 대해서 배웠습니다. 기업의 실제 재무제표를 보면 계정 항목이 훨씬 많지만, 먼저 재무제표의 개념을 이해한다면 좀 더 복잡한 재무제표도 볼 수 있게 됩니다. 이 책에서는 대부분의 초보 투자자가 재무제표를 어려워해서 아예 확인하지 않고 투자하는 경우가 많아, 재무제표의 기본 개념과 반드시 확인해야 할 사항들 위주로 설명했습니다. 평소에 관심을 가지고 있는 회사의 재무제표를 살펴보면서 지금 배운 재무제표 개념을 머릿속에서 잘 정리해두면, 앞으로 회사 재무제표를 볼 때 점점 수월해질 것입니다.

기업의 주가가 얼마나
오를지 분석하는 법

주식 투자에서는 유망한 기업을 발굴하는 것도 중요하지만, 가장 중요한 포인트는 결국 그 기업의 주가가 많이 올라야 수익을 낼 수 있다는 것입니다. 그 기업의 주가를 싼 가격에 사면 더 수익을 낼 수 있습니다. 지금부터는 기업의 현재 주가가 싼지 비싼지, 기업의 적정 기업가치를 계산해 보는 방법에 대해서 배워 보겠습니다.

애플의 기업 정보

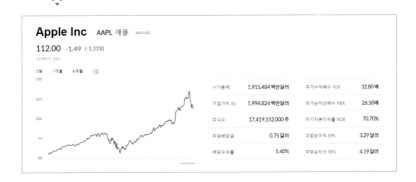

Apple Inc	AAPL 애플 NASDAQ		
112.00 -1.49 (-1.31%)			

시가총액	1,915,484 백만달러	주가수익배수 PER	32.80배
기업가치 EV	1,994,824 백만달러	주가순자산배수 PBR	26.50배
주식수	17,419,152,000 주	자기자본이익률 ROE	70.70%
주당배당금	0.75 달러	주당순이익 EPS	3.29 달러
배당수익률	1.40%	주당순자산 BPS	4.19 달러

먼저 애플의 기업 정보를 보면서 기본 용어들에 대해 다시 한 번 정리하겠습니다. 2020년 9월 11일 기준, 애플의 주가는 112달러입니다. 그리고 시가총액이 있는데, 이는 1주당 가격에 총발행주식수를 곱한 값이라고 앞에서 배웠습니다. 시가총액은 한마디로 이 기업이 얼마짜리 회사인지를 의미합니다. 애플의 시가총액은 2020년 9월 11일 기준, 1조 9,154억 8,400만 달러입니다. 1,200원 환율로 계산해보면 2,298조 원 정도 됩니다.

애플의 기업 정보에서 시가총액 아래에 기업가치 EV라는 것이 있습니다. 시가총액과 기업가치가 거의 비슷한 말로 쓰이지만 회계적인 측면에서는 조금 다르게 사용됩니다.

기업가치 EV = 시가총액 + 부채 - 기업이 보유한 현금

기업가치 EV에서 EV는 Enterprise Value입니다. 즉 시가총액에서 장부에 기재된 부채를 더하고 기업이 보유한 현금을 뺀 값입니다. EV는 실제로 이 기업을 인수할 때 얼마가 필요한지를 의미하는 값입니다. 시가총액에 부채를 더하는 이유는, 만일 어떤 기업을 인수한다면 그 기업이 가지고 있는 부채도 같이 인수하는 것이기 때문에 인수자가 그 부채를 갚아야 합니다. 예를 들어, 시가총액이 100억 원이고, 부채가 20억 원, 기업이 보유하고 있는 현금이 10억 원이라고 가정하면, EV = 100억 원 + 20억 원 - 10억 원, 즉 EV는 110억 원이 됩니다.

이렇게 회사의 주가가 얼마가 오를지를 생각해 보기 전에, 먼저 그 기업의 시가총액이 얼마인지를 파악하는 것이 중요합니다. 왜냐하면 기업의 주가는 절대적인 기준이 아니기 때문입니다. 애플이 최근에 4분의 1로 주식을 액면분할했는데, 액면분할하기 전의 주가는 400달러가 넘었지만 액면분할 이후의 주가는 112달러가 되었습니다. 그렇지만 주가가 낮아졌다고 해서 기업가치가 낮아진 것은 아닙니다. 주가가 낮아진 만큼 발행주식수가 더 많아졌기 때문입니다. 그리고 아마존은 주가가 3,000달러가 넘습니다. 주식 1주당 가격이 더 높다고 해서 그 기업이 규모가 더 큰 기업이 아니기 때문에, 이렇게 시가총액이 얼마짜리 회사인지를 먼저 인지해 놓으면 기업을 좀 더 큰 틀에서 바라볼 수 있습니다.

기업을 볼 때는 먼저 이런 식으로 봐야 합니다. 어떤 기업의 현재 시가총액이 10조 원인데, 이 기업의 비즈니스 모델이나 향후 예상되는 매출과 순이익을 생각해 볼 때 5년 뒤에는 적어도 시가총액이 50조 원은 될 것 같다고 예상했다면, 그 기업의 현재 주가가 얼마건 지금 투자를 하면 5년 뒤에 투자금이 5배가 되어 있다는 의미입니다. 이렇게 1주의 주가가 얼마인지 보기보다 기업가치를 먼저 보는 습관을 들이는 것이 좋습니다.

그러면 지금부터 기업의 적정가치를 계산해 보는 방법을 배워 보겠습니다. 기업가치를 측정하는 방법은 여러 가지가 있는데, 이 책에서는 일반 주식 투자자 관점에서 쉽게 해 볼 수 있는 방법을 알아보겠습니다. 먼저 지금까지 배운 투자지표를 활용하여 기업가치를 계산하는 방법을 알아보겠습니다.

첫번째로 PER(Price Earning Ratio)를 이용한 방법이 있습니다. PER의 계산법은 시가총액 / 순이익, 또는 주식 1주당 가격 / EPS(주당순이익)입니다. EPS는 기업의 순이익에서 발행주식수를 나눈 값입니다.

$$PER = \frac{\text{시가총액}}{\text{순이익}}$$

$$PER = \frac{\text{주식 1주의 가격}}{EPS}$$

이렇게 PER 계산을 해서 20배가 나왔다고 가정하겠습니다. PER 20배가 나왔다는 것을 다시 예를 들어 보면, 순이익이 100억 원인 회사의 시가총액이 2,000억 원이라는 의미입니다. 그러면 기업에 투자하기 전에 이 정도의 순이익을 내고 있는 기업의 시가총액 2,000억 원이 비싼 것인지 싼 것인지 알아야 합니다. 먼저 PER를 이용해서 기업의 주가가 적정 가격인지 알아보는 방법은 이 기업이 속해 있는 산업평균 PER와 비교해 보거나, 이 기업과 비슷한 비즈니스를 하고 있는 다른 기업의 PER를 비교하면서 판단해 보는 것입니다.

미주부 유튜브 채널에서도 다뤘던 투식스(티커:IIVI)라는 기업을 예로 들어 보겠습니다.

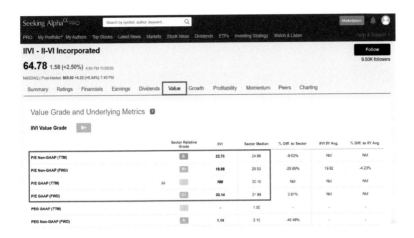

위의 표는 Seeking Alpha라는 사이트의 검색창에서 투식스의 티커인 IIVI로 검색하여 상단의 빨간색 상자인 Value 탭을 클릭한 화면입니다. 지금까지 배운 PER는 하단의 큰 빨간색 상자의 PE Non-GAAP와 PE GAAP에서 확인할 수 있습니다. 먼저 Non-GAAP와 GAAP의 차이점에 대해 알아보겠습니다.

GAAP는 일반적으로 인정된 표준 회계기준에 의해서 산출된 재무 정보이고, Non-GAAP는 일회성 비용은 제외하고 회계처리를 하는 방법입니다. 그렇기 때문에 Non-GAAP로 보면 일회성 비용이 빠져 있기 때문에 순이익이 더 높아질 수 있습니다. Non-GAAP로 표기되는 경우는 기업 입장에서 유리하게 기재되는 경우도 간혹 있어 투자자가 피해를 보는 사례도 있다고 합니다.

위의 표에서 PE GAAP가 표준 회계기준으로 산출된 재무 정보이니, 이 부분을 보면서 알아보겠습니다. PE GAAP도 TTM과 FWD로

나뉘어 있습니다. TTM은 Trailing Twelve Month, 즉 지난 12개월의 순이익을 기준으로 계산한 값이고, FWD는 Forward, 즉 향후 12개월의 예상되는 추정실적을 기준으로 계산하는 기준입니다.

투식스 기업을 산업 중간값과 비교해서 가치평가를 해 보겠습니다. 앞 페이지의 표에서 빨간색 상자 안에 있는 Sector Median의 PE GAAP(FWD) 부분을 보겠습니다. Sector Median이란 의미는 이 기업이 속한 산업군의 중간값을 의미합니다. Sector Median의 PER(FWD)는 31.89배입니다. 이 값보다 투식스라는 기업의 PER(FWD) 배수가 작다면 산업평균보다 이 기업의 주가가 저평가되어 있다고 판단하는 것입니다. 앞 페이지의 표에서 투식스의 PER(FWD)=33.14배로 Sector Median보다는 살짝 높은 것을 확인할 수 있습니다. 투식스의 주가가 Sector Median 기준보다 다소 높다고 볼 수 있는 것입니다.

그러면 다음으로 비슷한 다른 기업들과 PER 배수를 비교해 보겠습니다.

IIVI - II-VI Incorporated

64.78 1.58 (+2.50%) 4:00 PM 11/20/20

Follow
9.51K followers

NASDAQ | Post-Market: $65.00 +0.22 (+0.34%) 7:40 PM

| Summary | Ratings | Financials | Earnings | Dividends | Value | Growth | Profitability | Momentum | Peers | Charting |

Key Stats Comparison | Related Stocks | Related ETFs   Save Comparison   ✎ Edit Symbols

Profile

	IIVI	LITE	FALC	COHR	VRRM	LASR
Company Name	II-VI Incorporated	Lumentum Holdings Inc.	FalconStor Software, Inc.	Coherent, Inc.	Verra Mobility Corporation	nLIGHT, Inc.
Sector	Information Technology	Information Technology	Information Technology	Information Technology	Information Technology	Information Technology
Industry	Electronic Components	Communications Equipment	Systems Software	Electronic Equipment and Instruments	Data Processing and Outsourced Services	Electronic Equipment and Instruments
Market Cap	6.73B	6.29B	42.03M	2.92B	2.01B	1.24B
Enterprise Value	7.70B	5.88B	59.16M	3.09B	2.75B	1.14B
Employees	22,969	5,473	71	5,184	779	1,100
SA Authors Covering	1	1	-	-	-	-
Wall St. Analysts	20	16	0	11	8	10

108 미국 주식으로 부자 되기

Seeking Alpha 사이트에서 빨간색 상자로 표시한 Peers를 클릭합니다. Seeking Alpha 사이트의 편리한 점 중의 하나가, 이렇게 대상 기업과 비슷한 업계의 기업들과 투자지표를 비교해 볼 수 있다는 것입니다. 이 페이지에서 여러 투자지표를 보면서 비교해 볼 수 있습니다. 기업들 모두 Sector는 IT섹터로 되어 있고, Industry 쪽을 보면 좀 더 세부적으로 어떤 산업군인지 확인할 수 있습니다.

Valuation

	IIVI	LITE	FALC	COHR	VRRM	LASR
P/E Non-GAAP (FY1)	18.98	13.55	-	21.46	2899.30	297.93
P/E Non-GAAP (FY2)	16.58	12.22	-	13.63	64.27	95.95
P/E Non-GAAP (FY3)	14.28	12.20	-	10.76	31.79	47.89
P/E Non-GAAP (TTM)	22.73	14.50	-	40.12	-	-
P/E GAAP (FWD)	33.14	28.16	-	36.06	2899.30	-
P/E GAAP (TTM)	-	41.62	-	-	278.47	-
PEG Non-GAAP (FWD)	1.14	0.90	-	1.59	-	9.93
PEG GAAP (TTM)	-	-	-	-	-	-
Price/Sales (TTM)	2.20	3.74	2.77	2.36	4.91	5.98
EV/Sales (TTM)	2.78	3.50	3.89	2.52	6.78	5.70
EV/EBITDA (TTM)	15.58	12.50	15.69	28.71	16.41	-
Price to Book (TTM)	2.19	3.46	-	3.14	5.82	5.72
Price/Cash Flow (TTM)	14.71	11.62	-	14.17	24.33	100.27

같은 페이지에서 화면을 아래로 스크롤하면 위의 표와 같은 Valuation 항목이 있는데, 회사별로 PE Ratio가 나와 있습니다. 투자하려는 기업의 PE Ratio가 다른 기업과 비교했을 때 어떤지를 비교해 보는 과정을 통해서도 내가 투자하려는 기업의 주가가 다른 기업들과 비교했을 때 싼지 비싼지를 가늠해 볼 수 있습니다. 간혹 순이익이 적자일 경우, PER 항목에 아무 숫자도 표기되지 않을 수 있습니다.

이번에는 지금까지 배운 PSR와 PBR도 같이 비교해 보겠습니다. PSR는 순이익은 아직 적자이지만 매출 성장성이 높은 기업들의 가치평가를 할 때 주로 확인해 보는 투자지표입니다. 이렇게 여러 가지 투자지표를 함께 보면서 기업의 가치측정을 해 보는 것입니다.

	Sector Relative Grade	IIVI	Sector Median	% Diff. to Sector	IIVI 5Y Avg.	% Diff. to 5Y Avg.
P/E Non-GAAP (TTM)	B-	22.73	24.98	-9.02%	NM	NM
P/E Non-GAAP (FWD)	B+	18.98	25.53	-25.65%	19.82	-4.23%
P/E GAAP (TTM)		NM	35.10	NM	NM	NM
P/E GAAP (FWD)	C+	33.14	31.89	3.91%	NM	NM
PEG GAAP (TTM)		-	1.00	-	-	-
PEG Non-GAAP (FWD)	A-	1.14	2.10	-45.48%	-	-
EV / Sales (TTM)	B-	2.78	3.51	-20.75%	2.34	18.88%
EV / Sales (FWD)	B-	2.53	3.35	-24.49%	2.10	20.62%
EV / EBITDA (TTM)	B	15.58	17.88	-12.88%	12.77	22.02%
EV / EBITDA (FWD)	B+	10.53	15.34	-31.37%	10.76	-2.13%
EV / EBIT (TTM)	C-	32.70	26.45	23.64%	22.00	48.66%
EV / EBIT (FWD)	A-	13.33	21.54	-38.12%	NM	NM
Price / Sales (TTM)	B	2.20	3.38	-34.85%	1.94	13.29%
Price / Sales (FWD)	B	2.21	3.37	-34.35%	1.84	20.31%
Price / Book (TTM)	B+	2.19	4.04	-45.89%	2.17	0.97%
Price / Book (FWD)	A-	2.26	4.95	-54.42%	2.09	8.08%

마찬가지로 방금 설명했던 Value 탭에 위의 표와 같이 더 많은 투자지표가 나와 있습니다. 표에서 빨간색 상자 안에 있는 Price Sales 부분이 PSR를 의미합니다. 마찬가지로 TTM과 FWD로 나뉘어져 확인할 수 있습니다. 그리고 바로 아래에 PBR(Price Book Ratio)가 있습니다. PSR와 PBR에 대해서 Sector Median 값과 비교해 보면 투식스라는 기업의 PSR(FWD)는 2.21배로 Sector Median 값인 3.37배보다 -34.35% 저평가되어 있습니다. 투식스의 PBR도 PSR와 비슷하게 Sector Median 값보다 낮은 것을 확인할 수 있습니다. 이렇게 투자

지표를 Sector Median 값과 비교해 보고, 동종 업계의 비슷한 기업들과 같이 비교해 보면서 이 기업이 현재 실적 대비 주가가 저평가인지 고평가인지 판단해 보는 것입니다.

그러면 기업의 주가가 앞으로 얼마나 오를 수 있을지를 계산해 보겠습니다. 계산하는 방법은 기업의 미래 실적에 대한 애널리스트들의 분석 자료를 참고해서, 지금까지 배운 PER나 PSR 배수를 적용해서 미래 주가를 예측해 보는 것입니다.

Annual EPS Estimates

Fiscal Period Ending	EPS Estimate	Forward PE	Low	High	# of Analysts
Jun 2021	3.41	18.98	3.13	3.88	18
Jun 2022	3.91	16.58	3.25	4.76	17

Annual Revenue Estimates

Fiscal Period Ending	Revenue Estimate	FWD Price/Sales	Low	High	# of Analysts
Jun 2021	3.04B	2.21	2.99B	3.10B	17
Jun 2022	3.32B	2.02	3.07B	3.53B	17

위의 표는 Seeking Alpha 사이트의 Earning 탭에 있는 화면입니다. 향후 예상 EPS와 매출에 대한 애널리스트 분석 의견이 있습니다. 그러면 기업의 미래 예상 주가를 계산해 보기 위해서 PER 또는 PSR에 대해 지금까지 설명했던 Sector Median과 동종 기업들의 투자지표를 같이 보면서, 나는 이 기업에 대해 PER 또는 PSR 몇 배를 적용해 줄 것인지를 정해 봅니다. 지금까지 봤던 투자지표로 예를 들어 계산해 보겠습니다.

Sector Median PER(FWD)는 31.89였습니다. 그리고 108쪽, 109쪽에 나와 있던 동종 기업들 중 티커가 LITE라는 기업의 PER는 28.16배이고, 티커가 COHR라는 기업의 PER는 36.06입니다. PER가 너무 높은 기업이나 표기가 안 된 기업들은 무시하고 넘어가겠습니다. 투식스의 현 시점 주가 기준으로 PER(FWD)는 33.14배이고, Sector Median과 동종 기업들의 PER(FWD) 값 중 가장 낮은 값은 LITE라는 기업의 28.16배이고, 가장 높은 값은 COHR라는 36.06배입니다. 따라서 28.16배에서 36.06배 사이에서 투식스란 기업의 적정 PER를 적용해 보는 것입니다. 이 기업이 앞으로 얼마나 유망한 기업인지 비즈니스 모델을 분석해 보고, 28.16과 36.06 사이에서 낮은 값을 줄 것인지, 높은 값을 줄 것인지 스스로 판단해 봅니다.

애널리스트들도 어떤 기업에 대한 분석을 할 때, 이 기준이 다를 수 있습니다. 보수적인 애널리스트는 PER 배수를 낮게 평가해서 계산할 수도 있고, 그렇지 않은 경우는 PER 배수를 좀 더 높게 평가해서 계산할 수도 있습니다. 수학 문제처럼 정답이 정해진 것이 아니기 때문에 스스로 투자원칙과 투자기준을 가지고 평가하는 것이 중요합니다. 그러면 향후 예상 EPS와 내가 PER 몇 배를 적용할 것인지 정해서 곱하면 예상 주가를 계산해 볼 수 있습니다.

앞에서 나온 PER 배수의 범위보다 좀 보수적으로 보고 투식스의 PER 배수를 28배로 적용해서 계산해 보겠습니다. 2021년 예상 EPS가 주당 3.41달러이니, 3.41달러 × 28 = 95.48달러가 나옵니다. 이것은 투식스라는 기업이 2021년에 EPS가 애널리스트들이 분석한 대로 3.41달러까지 나오고, PER 28배 정도만 시장에서 인정해 준다면 2021년 말에 95.48달러를 기대해 볼 수 있다는 의미입니다. 또 2022년 예상 EPS인 3.91달러에 28배를 적용해서 예상 주가를 계산해 보면 109.48달러가 나옵니다. 이는 2022년에 예상 EPS대로 실적이 나오고 PER 28배로 시장에서 인정해 준다면 주가가 109.48달러까지 상승할 수 있다는 의미입니다. 물론 투식스의 PER를 28배보다 높은 값으로 적용하면 예상 주가가 더 높게 나올 수도 있습니다.

지금까지는 PER를 기준으로 계산해 봤습니다. 같은 방법으로 PSR와 PBR에 대해서도 직접 계산해 보면서 나만의 투자기준을 만들어 보세요.

이제부터는 조금 더 심화 과정인 PEG Ratio와 EV/EBITDA를 이용해서 기업의 가치 측정을 하는 방법을 배워 보도록 하겠습니다. 먼저 PEG Ratio에 대해 알아보겠습니다.

PEG(Price Earning to Growth) Ratio는 PER에 성장성의 개념을 포함시킨 것으로 PER가 높은 경우, 이를 해석하기 위한 방법으로 활용되는 지표입니다.

$$PEG\ Ratio = PER \div (EPS\ 성장률 \times 100)$$
$$EPS\ 성장률 = 연평균\ EPS\ 성장률(3\sim5년)$$

직접 예를 들어 보겠습니다.

PER 기준 가치평가

구분	A기업	B기업
현재 주가	10,000	10,000
EPS(주당순이익)	500	1,000
PER	20	10

현재 주가가 1만 원으로 동일한 A기업과 B기업이 있습니다. A기업의 EPS는 500원이고, B기업의 EPS는 1,000원입니다. 그러면 PER는 A기업이 1만 원 / 500원 = 20, B기업은 1만 원 / 1,000원 = 10, 즉 A기업의 PER=20, B기업의 PER=10이 됩니다. 이 지표로만 보면 B기업의 PER가 더 낮기 때문에 A기업과 비교했을 때 저평가된 것으로 판단됩니다.

그러면 A기업과 B기업의 향후 EPS 성장률이 다르다고 가정해 보겠습니다. A기업은 매년 40%씩 순이익이 성장하고, B기업은 매년 5%씩 순이익이 성장한다고 할 때, 주가가 현재 1만 원과 동일할 경우 PER가 어떻게 달라지는지 보겠습니다.

EPS 성장률에 따른 PEG Ratio

구분		A기업 (성장률 40%)	B기업 (성장률 5%)
	현재 주가	10,000	10,000
현재	EPS(주당순이익)	500	1,000
2021	EPS(주당순이익)	700	1,050
2022	EPS(주당순이익)	980	1,103
2023	EPS(주당순이익)	1,372	1,158
2024	EPS(주당순이익)	1,921	1,216
2025	EPS(주당순이익)	2,689	1,276
	PER	3.7	7.8
	EPS 성장률	40%	5%
	PEG	0.5	2

5년 뒤에 A기업의 PER는 3.7배이고, B기업의 PER는 7.8배입니다. 즉 현재는 A기업이 B기업보다 PER가 높았으나, 5년 뒤에는 A기업이 B기업보다 PER가 더 낮아져서 저평가되어 있습니다.

현재 시점에서 A기업의 PER 20과 B기업의 PER 10으로 미래의 EPS 성장률을 나누어 PEG Ratio를 계산해 보겠습니다.

A기업 PEG Ratio = 20 ÷ 40 → 0.5

B기업 PEG Ratio = 10 ÷ 5 → 2

PEG Ratio를 계산해 보면 A기업은 0.5가 나오고 B기업은 2가 나옵니다. 즉 현 시점에서는 A기업이 B기업보다 PER 배수가 높지만 향후 EPS 성장률을 감안하면 상대적으로 높은 PER라도 PEG Ratio를 보조지표로 활용하면서 투자 여부를 판단할 수 있습니다.

PEG Ratio는 기업의 성장성까지 감안해서 평가하는 지표입니다. PEG Ratio가 낮으면 낮을수록 기업의 성장성은 좋은데 주가가 저평가된 것이라고 볼 수 있습니다.

PEG Ratio 0.5 이하에서 매수하고 1.5 이상에서 매도하라.

투자의 대가 피터 린치는 PEG Ratio 지표에 대해서 이렇게 말했습니다.

"PEG Ratio 0.5 이하에서 매수하고 1.5 이상에서 매도하라."

PEG Ratio가 0.5 이하라면 기업의 실적에 대한 성장률이 좋은데 주가는 저평가되어 있다는 의미가 되고, 반대로 1.5 이상이라면 실적 대비 고평가되어 있다는 의미로 이야기한 것입니다. 정답이 있는 문제는 아니고, 기업과 산업에 따라서 기준이 다를 수도 있으니 참고만 하세요.

그러면 EV/EBITDA에 의한 기업가치 평가에 대해서 배워 보겠습니다. 먼저 EV(Enterprise Value, 기업가치)에 대해서 알아보겠습니다.

EV(기업가치) : 시가총액 + 부채 - 현금

예를 들어 설명하겠습니다. A라는 사람이 어떤 회사를 인수하려고 마음먹었습니다. 회사의 유통 주식수가 10만 주이고, 주식 1주의 가격이 1만 원이라고 가정해 보겠습니다. A는 이 회사의 주식 10만 주를 모두 매수하여 회사를 완전히 소유하게 되었습니다. 10만 주의 주식을 모두 매수하는 데 들어간 비용은 10억 원(시가총액)입니다.

그런데 얼마 지나서 은행으로부터 1억 원의 대출금이 있으니 상환하라는 연락을 받았습니다. A는 회사를 인수했으니, 은행 빚 1억 원도 상환해야 할 의무가 있습니다. 그런데 A가 인수한 회사의 은행 계좌를 보니 5,000만 원의 현금이 있었습니다. A는 인수한 회사의 계좌에 있는 5,000만 원과 본인의 돈 5,000만 원을 더하여 은행 빚을 상환했습니다.

결과적으로 A가 이 회사를 인수하는 데 든 비용은 10억 원(시가총액) + 부채 1억 원 - 기업이 보유하고 있던 현금 5,000만 원 = 10억 5,000만 원입니다. 즉 이 기업의 EV(기업가치)는 10억 5,000만 원입니다.

다음으로 EBITDA(Earnings Before Interest, Taxes, Depreciation, and Amortization)에 대해 알아보겠습니다. EBITDA는 당기순이익에서 이자, 세금, 감가상각비는 빼지 않고 이익을 계산한 값입니다. 이자와 세금은 영업활동과 직접적인 관련이 없는 비용이고, 감가상각비는 실제로 현금이 지출된 것은 아니지만 손익계산서 상에서만 비용 처리를 했기 때문에 영업과 관련해서 얼마나 영업 효율성이 있는지를 보기 위해서 EBITDA를 계산해 봅니다.

EV/EBITDA는 EV에서 EBITDA 값을 나눴을 때 PER와 같이 몇 배수가 나오는지를 계산해 보는 것입니다. 마찬가지로 EV/EBITDA에 의한 Multiple도 직접 확인해 볼 수 있습니다. Seeking Alpha에서 애플의 EV/EBITDA를 확인해 보겠습니다.

AAPL Value Grade [D]

	Sector Relative Grade	AAPL	Sector Median	% Diff. to Sector	AAPL 5Y Avg.	% Diff. to 5Y Avg.
P/E Non-GAAP (TTM)	C	39.70	27.15	46.21%	13.77	188.29%
P/E Non-GAAP (FWD)	C	32.68	27.17	20.26%	13.01	151.13%
P/E GAAP (TTM)	G+	39.45	36.94	6.80%	13.66	188.78%
P/E GAAP (FWD)	B-	32.65	33.18	-1.59%	13.02	150.76%
PEG GAAP (TTM)	D	3.78	1.09	245.33%	NM	NM
PEG Non-GAAP (FWD)	C-	2.96	2.26	31.20%	1.22	142.65%
EV / Sales (TTM)	D+	7.76	3.97	95.36%	2.67	190.81%
EV / Sales (FWD)	C-	6.74	3.99	68.92%	2.58	161.61%
EV / EBITDA (TTM)	C	27.55	19.28	42.86%	8.76	214.65%
EV / EBITDA (FWD)	C	23.49	16.57	41.79%	8.54	175.16%

Seeking Alpha에서 Value 메뉴를 클릭하면 위의 표와 같이 EV/EBITDA 배수를 확인해 볼 수 있습니다.

이와 같이 기업의 가치평가를 할 때는 여러 가지 투자지표를 비교해 보면서 판단해야 합니다. 기업마다 매출 규모나 성장성, 순이익의 상황이 다를 수 있기 때문입니다.

04

어떤
주식을 살까?
종목 발굴하는
방법

4차 산업혁명의 유망한 기업을 찾아보자

US STOCKS

　투자할 기업을 발굴하는 방법은 크게 2가지로 나뉩니다. 첫째, 거시경제와 산업의 흐름을 분석해서 향후 성장 가능한 산업을 미리 예상해 보고, 그 산업에 속해 있는 기업을 찾아서 검증해 보고 투자하는 톱 다운(Top Down) 방식입니다. 둘째, 실적에 비해 저평가된 기업을 먼저 찾아보고, 해당 기업이 속해 있는 산업을 분석하면서 투자할 기업을 찾는 보텀 업(Bottom Up) 방식입니다.

　그러면 우리에게 앞으로 큰 변화와 혁신을 안겨 줄 4차 산업혁명의 핵심 기업을 톱 다운 방식으로 찾는 방법에 대해 알아보겠습니다. 4차 산업혁명에 대해 배경지식이 없는 경우, 투자 아이디어를 발굴하기 위한 아이디어 전개 방법입니다. 투자할 기업을 찾는 핵심 키워드인 '4차 산업혁명'이라는 키워드를 시작으로 브레인스토밍을 통해서 연관 키워드를 연상해 보면서 계속 키워드를 확장하는 것입니다.

종목 스크리닝 방식

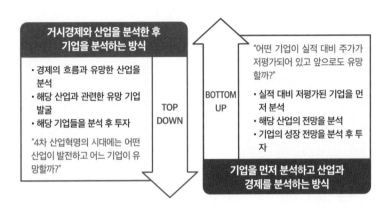

가장 먼저 해야 할 일은 '4차 산업혁명'이라는 키워드로 뉴스 기사나 자료들을 검색해 보는 것입니다. 다음 페이지의 자료는 2020년 1월에 개최된 미국 CES 전시회(Consumer Technology Asociation 주관)에서 출품한 기업들의 트렌드를 정리한 것인데, 이 자료를 예시로 4차 산업혁명이라는 키워드의 연관 키워드들을 추출해 보겠습니다.

4차 산업혁명 투자 아이디어 발굴

CES 2020 Rwview 결론 : Fusion

CES : Connectivity(& Convergence), Efficiency, Satisfaction → Internet of Things (IoT)
→ Intelligence of Things

■ 세상이 연결되고 융합되고 있다.(Connectivity & Convergence)
- 초연결사회 : 사람과 사람, 사람과 기기, 기기와 기기 등 모두가 연결되는 초연결사회로 진행 중
- 스마트카, 스마트홈을 넘어 스마트 시티(Smart City) 구상. 결국 모두가 연결되는 스마트 월드(Smart World)
- 인터넷 발명 이후 인류 지식이 연결되며 지식의 공유에 성공 → 향후에는 막대한 데이터 확보와 활용이 관건
  * Google Assistant(10억 대) Vs. Amazon Alexa(1억 대) Vs. Apple Siri(5억 대)
→ 세상을 연결하는 아마존, 구글 등에 관심. 5G Network 투자 가속화

C	**5G Network**
D	Data
E	**AI**
S	Sharing
M	Metro(City)
A	AR/VR
R	Robot
T	Transit(Car)
S	**Better Life**

■ 효율성이 높아지고 있다.(Efficiency)
- 세상이 연결되면 시간과 공간의 제약을 넘어 효율성이 올라갈 것 ← AI(Artificial Intelligence)
- 시간 1) 자율주행 자동차 : 운전 시간
       2) Robot : 인간 노동 시간
- 공간 1) AR/VR : 증강현실과 가상현실을 통해 공간 제약 문제 해결
       2) 공유 서비스 : 우버(차량 공유), 에어비엔비(숙박 공유) 등
       3) 스마트 가전 : Rollable TV(LG전자), micro LED TV(삼성전자)
→ 반도체/디스플레이/스마트폰 부품 경쟁력으로 새로운 산업(전장 산업, 로봇 산업 등) 진출 필요

■ 삶의 만족도가 올라간다.(Satisfaction)
- 인류의 시간과 공간 효율성이 올라가면 삶의 만족도 증가
- 환경에 대한 고민 : Food Tech ← Impossible Foods(Pork made from plants)
→ 인류는 여가시간, 건강 그리고 환경에 관심 집중(레저, 바이오, 헬스케어, 환경보호 등)

이런 식으로 뉴스나 자료를 보면서 연관 키워드들을 추출합니다. 이렇게 추출한 키워드들을 정리해 보겠습니다. 차후에 4차 산업혁명과 관련한 더 많은 자료를 보고 연상되는 키워드를 추출해 보세요.

4차 산업혁명 키워드

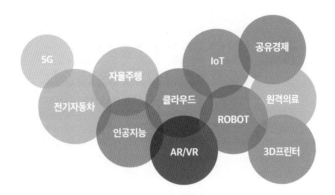

이렇게 어떤 자료를 보면서 연관된 산업에 대한 키워드를 추출해 보았습니다. 5G, 전기자동차, 자율주행, 인공지능, 클라우드, AR/VR, IoT, Robot, 공유경제, 원격의료, 3D프린터와 같은 키워드가 4차 산업혁명의 연관 키워드로 확장되었습니다.

동일한 방법으로 해당 키워드별로 브레인스토밍하면서 연관 키워드를 계속 확장해 나갑니다. 한 예로 인공지능 키워드에 대해서 키워드를 확장해 보겠습니다.

4차 산업혁명의 연상 단어

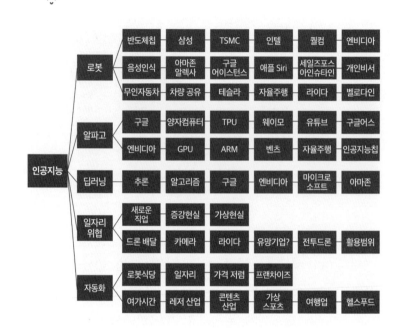

	반도체칩	삼성	TSMC	인텔	퀄컴	엔비디아
로봇	음성인식	아마존 알렉사	구글 어시스턴스	애플 Siri	세일즈포스 아인슈타인	개인비서
	무인자동차	차량 공유	테슬라	자율주행	라이다	벨로다인
알파고	구글	양자컴퓨터	TPU	웨이모	유튜브	구글어스
	엔비디아	GPU	ARM	벤츠	자율주행	인공지능칩
딥러닝	추론	알고리즘	구글	엔비디아	마이크로 소프트	아마존
일자리 위협	새로운 직업	증강현실	가상현실			
	드론 배달	카메라	라이다	유망기업?	전투드론	활용범위
자동화	로봇식당	일자리	가격 저렴	프랜차이즈		
	여가시간	레저 산업	콘텐츠 산업	가상 스포츠	여행업	헬스푸드

인공지능

이렇게 인공지능 키워드로 연상되는 단어를 계속 확장해 보았습니다. 개인별로 아이디어 전개 방식은 다를 수 있고 연상되는 단어도 다를 수 있습니다. 위의 그림과 같은 형태로 아이디어를 전개한 방식에 대해서 먼저 설명하겠습니다.

'인공지능' 하면 가장 먼저 떠오르는 단어가 로봇이었습니다. 언젠가 인공지능 로봇은 사람이 하는 일을 대신해 주는 시대가 올 것입니다. 인공지능 연상 단어로 알파고도 생각났습니다. 몇 년 전에 이세

돌 9단과의 바둑대결에서 알파고라는 인공지능이 예상을 깨고 이세돌 9단을 이겨서 화제가 된 적이 있었죠. 딥러닝이란 단어도 생각났습니다. 딥러닝이라는 것은 쉽게 말해서 사람의 사고방식을 컴퓨터에게 가르치는 기계학습의 한 분야라고 할 수 있습니다. 인공지능 시대에는 사람들의 일자리도 많이 없어지지 않을까 하는 생각이 듭니다. 그래서 일자리 위협이라는 단어도 생각났습니다. 자동화라는 단어도 생각났습니다.

이렇게 해서 인공지능 키워드에 대한 1차 확장 키워드로 로봇, 알파고, 딥러닝, 일자리 위협, 자동화 5가지 단어가 나왔습니다. 이런 식으로 각 키워드에 대해서 다시 생각나는 단어를 적어 보면서 연상 키워드를 확장하는 것입니다.

로봇이라는 키워드를 예시로 연상 단어를 다시 추출해 보겠습니다. 저는 반도체칩이 떠오릅니다. 상식적으로 로봇에는 많은 기계 부품이 들어갈 텐데, 반도체칩이 많이 필요할 것이라 생각합니다. 음성인식이란 단어도 떠오릅니다. 로봇이 사람 말을 알아듣고 지시한 대로 행동해야 하겠죠? 그 다음에 무인자동차도 연상 단어로 떠올랐습니다. 이렇게 로봇이란 키워드로 반도체칩, 음성인식, 무인자동차라는 키워드를 확장했습니다.

인공지능의 두 번째 키워드인 알파고에 대해서 키워드 확장을 해 보겠습니다. 먼저 구글과 엔비디아라는 회사가 생각납니다. 알파고의 인공지능 칩이 엔비디아 제품이었다고 기사에서 본 적이 있었기 때문입니다. 엔비디아는 그래픽카드에 들어가는 GPU를 만드는 것으로 유명한데, 이 GPU가 인공지능 연산에 아주 훌륭한 성능을 보인다고 합니다.

인공지능의 세 번째 키워드인 딥러닝에 대해서도 키워드 확장을 해 보겠습니다. 저는 추론이란 단어가 떠오릅니다. 인공지능이 딥러닝을 통해서 스스로 추론을 하면서 사람의 사고방식을 배우는 것이니까요.

인공지능의 네 번째 키워드로 일자리 위협에 떠오르는 키워드를 확장해 보겠습니다. 저는 새로운 직업이 떠오르네요. 없어지는 직업도 있겠지만 새로 생겨나는 직업도 있겠죠? 드론 배달도 떠오릅니다. 드론이나 로봇이 배달하는 시대가 오면 배달하는 사람들의 일자리가 없어지겠죠.

인공지능의 다섯 번째 키워드인 자동화란 단어에는 로봇식당이 떠오릅니다. 요리부터 서빙까지 다 로봇이 하는 레스토랑이 이미 생기고 있습니다. 여가시간이란 단어도 생각납니다. 자동화가 되면 같은 시간에 많은 일처리를 할 수 있게 되니 여가시간이 많아지겠죠?

이런 식으로 연상 단어를 떠올리면서 해당 단어에 생각나는 회사나 산업 같은 것을 적어 보면서 아이디어를 확장해 나가는 것입니다.

한 예로 인공지능 → 로봇 → 반도체칩의 키워드로 떠오르는 회사는 삼성, TSMC, 인텔, 퀄컴, 엔비디아 등입니다. 그 밖에 AMD, 브로드컴, ASML 같은 회사도 있습니다.

음성 인식이란 키워드에서는 아마존 알렉사나 구글 어시스턴스 같은 음성인식 비서 서비스가 생각났습니다. 애플의 Siri도 있고 세일

스포스라는 기업의 아인슈타인 서비스도 생각났습니다. 마지막으로 개인비서라는 단어도 생각이 나서 적어 봤습니다.

마찬가지로 무인자동차 키워드로 생각나는 연상 단어는 차량 공유, 테슬라, 자율주행, 라이다입니다. 라이다는 사물인식을 3차원으로 할 수 있도록 하는 자율주행 기술의 필수 장비를 말합니다. 벨로다인은 이 라이다를 개발하는 기업입니다.

이렇게 연상 단어를 계속 확장해 가면서 투자 아이디어를 발굴합니다. 이런 과정을 거치면서 뉴스 기사나 자료를 찾아보면 회사명들이 나옵니다. 그러면 이 회사들에 대해서 좀 더 자세히 알아보고 분석해 봅니다. 이렇게 연상 단어를 계속 찾다 보면 서로 중복되는 키워드가 나옵니다. 중복되는 키워드가 나온다는 것은 서로 다른 키워드 사이의 비즈니스 관점에서 관련도가 높다고 생각할 수 있습니다. 이렇게 브레인스토밍은 형식에 얽매이지 않고 자유롭게 생각나는 대로 적어 봅니다.

지금까지 인공지능 키워드에 대해서 브레인스토밍을 해 봤습니다. 이렇게 한 번 했다고 해서 끝나는 게 아니고, 앞으로도 새로운 뉴스나 정보를 계속 접하게 되면 이러한 브레인스토밍을 통해서 새로운 투자 아이디어를 발굴해 나갈 수 있습니다. 나머지 키워드들에 대해서도 지금 배운 방법으로 브레인스토밍하면서 연상 단어를 계속 확장해 보기 바랍니다.

4차 산업혁명의 미래에 어떤 산업이 유망한지 관심을 가지고 계속 공부해야 하고, 그 산업에서 어떤 기업이 유망한지도 꾸준히 관심을 갖다 보면, 좋은 기업인데 아직까지 저평가된 기업이 눈에 보이는 행운이 올 수 있습니다. 내가 잘 모른다고 남에게 귀동냥으로 듣는 정보에만 의지하려고 하면 안 됩니다. 부자가 되기 위해서는 이 정도의 공부와 노력을 해야 합니다.

투자할 기업이 유망한 기업인지 판단하는 방법

내가 발굴한 회사가 투자해도 되는 유망한 기업인지 판단하는 방법에 대해서 배워 보겠습니다. 먼저 유망한 기업을 발굴해서 투자를 하기까지 일반적인 루틴에 대해서 알아보겠습니다.

1. 종목 스크리닝 단계

앞에서 투자할 기업을 발굴하기 위해 톱 다운 방식과 보텀 업 방식에 대해 배웠습니다. 이렇게 종목 스크리닝을 통해 기업을 발굴했다고 가정하겠습니다.

2. 기업의 과거 매출과 순이익 파악

그 기업의 과거 매출과 순이익이 어떤지 파악해 봐야 합니다. 지난 3~5년의 매출 성장성을 확인해 보고, 그 다음에 순이익이 마이너스는 아닌지, 매출 성장과 함께 순이익도 같이 성장하고 있는지 확인합니다. 기업의 주가가 오르는 원리는 간단합니다. 기업의 매출이 계속 상승하고 순이익도 같이 상승한다면 주가는 오르게 되어 있습니다. 기업의 성장보다 주가가 먼저 오를 수도 있고, 기업의 성장이 먼저 되면서 뒤늦게 주가가 따라 오르는 경우도 있습니다.

TSLA - Tesla, Inc.

574.00 ▲ 18.62 (3.35%) 4:00 PM 11/25/20

NASDAQ | Post-Market **$575.35** 1.35 (0.24%) 7:45 PM

In Portfolio

(827,446 followers)

Summary | Ratings | Financials | Earnings | Dividends | Value | Growth | Profitability | Momentum | Peers | Charting

Financial Statements | Overview | SEC Filings | Historical Prices | Splits | Options

In Millions of USD except per share items

| Income Statement | Balance Sheet | Cash Flow | Period Type | Annual | View | Absolute | Order | Latest on the Right |

Income Statement		Dec 2010	Dec 2011	Dec 2012	Dec 2013	Dec 2014	Dec 2015	Dec 2016	Dec 2017	Dec 2018	Dec 2019	TTM
Revenues												
Revenues		116.7	204.2	413.3	2,013.5	3,198.4	4,046.0	7,000.1	11,759.0	21,461.0	24,578.0	28,176.0
Other Revenues		-	-	-	-	-	-	-	-	-	-	-
Total Revenues		116.7	204.2	413.3	2,013.5	3,198.4	4,046.0	7,000.1	11,759.0	21,461.0	24,578.0	28,176.0
Cost Of Revenues		86.0	142.6	383.2	1,557.2	2,316.7	3,122.5	5,400.9	9,536.0	17,419.0	20,509.0	22,221.0
Gross Profit		30.7	61.6	30.1	456.3	881.7	923.5	1,599.3	2,223.0	4,042.0	4,069.0	5,955.0

위의 표는 Seeking Alpha 사이트에서 검색한 테슬라의 손익계산서입니다. Revenue(매출)와 Gross Profit(매출이익)이 성장하고 있는 것을 확인할 수 있습니다.

기간을 Quarterly(분기)로 변경하고 Net Income(순이익)을 확인해 보면 2019년 3분기부터 순이익이 흑자로 전환된 것을 알 수 있습니다. 테슬라의 주가는 순이익이 흑자로 전환되는 시점부터 본격적으로 상승하기 시작했습니다.

TSLA - Tesla, Inc.

574.00 ▲ 18.62 (3.35%) 4:05 PM 11/25/20
NASDAQ | Post-Market | $575.35 1.35 (0.24%) 7:45 PM

Summary Ratings Financials Earnings Dividends Value Growth Profitability Momentum Peers Charting

Financial Statements | Overview | SEC Filings | Historical Prices | Splits | Options

In Millions of USD except per share items

Income Statement | Balance Sheet | Cash Flow | Period Type Quarterly | View Absolute | Order Latest on the Right

Income Statement		Mar 2018	Jun 2018	Sep 2018	Dec 2018	Mar 2019	Jun 2019	Sep 2019	Dec 2019	Mar 2020	Jun 2020	Sep 2020
Net Income												
Net Income to Company		(784.6)	(742.7)	254.0	210.0	(668.0)	(389.0)	150.0	132.0	68.0	129.0	369.0
Minority Interest		75.1	25.2	57.0	(70.0)	(34.0)	(19.0)	(7.0)	(27.0)	(52.0)	(25.0)	(38.0)
Net Income		**(709.6)**	**(717.5)**	**311.0**	**140.0**	**(702.0)**	**(408.0)**	**143.0**	**105.0**	**16.0**	**104.0**	**331.0**

3. 기업의 비즈니스 모델 이해

그 기업의 과거 매출과 순이익이 성장하는지 확인했다면, 이제 그 기업이 앞으로 매출이 오르고 계속 성장할 수 있을지도 예상해 봐야 합니다. 그러기 위해서는 기업이 속한 산업군이 앞으로 전망이 좋은지를 먼저 알아봐야 합니다. 앞으로 전망이 좋다는 의미는 그 산업의 시장 규모가 더 커질지를 알아보면 됩니다. 시장 규모가 커진다는 의미는 그 산업에 속한 기업의 미래 매출이 더 오를 수 있다는 의미가 될 수 있습니다.

그 다음에 알아봐야 할 것은 그 기업이 어떤 일을 하고 있는지, 기업의 비즈니스 모델을 이해해야 합니다. 그러기 위해서는 회사의 홈페이지에 들어가서 사업보고서를 다운받아 보거나, 인터넷으로 뉴스 기사 검색, 애널리스트의 분석 자료를 보면서 공부해야 합니다.

테슬라 구글 검색결과 화면

테슬라 기업을 예로 들어 보겠습니다. 위의 그림은 구글에서 테슬라의 애널리스트 보고서를 찾아보기 위한 검색결과 페이지입니다. 가장 쉬운 방법으로 '기업명 filetype:pdf'를 키워드로 검색하면 위의 그림처럼 여러 증권사의 애널리스트 리포트를 확인할 수 있습니다.

애널리스트 리포트를 볼 때 어떤 관점에서 봐야 하는지 알려 드리겠습니다.

첫 번째로 이 기업의 매출과 순이익이 앞으로도 계속 성장할 수 있을지를 봐야 합니다. 애널리스트 리포트를 보면 이 부분이 자세히 나와 있으니 직접 살펴보기 바랍니다.

두 번째로 이 기업이 해당 산업 분야에서 1등인지, 그리고 경쟁사가 어디인지를 봐야 합니다. 내가 투자할 기업이 해당 산업에서 1등이라면 계속 1등을 유지할 수 있을지, 그리고 1등이 아니라면 1등이될 수 있는 기업인지를 판단해 봐야 합니다.

세 번째로 그 기업이 속한 산업이 앞으로도 계속 성장할 수 있는시장인지도 봐야 합니다. 시장이 계속 성장해야 그 산업에 속한 기업들도 성장 가능성이 높겠죠? 우리가 주식 투자로 수익을 내기 위해서는 적어도 내가 투자하는 회사의 기술이나 산업에 대해서는 어느 정도 지식이 있어야 합니다. 그 정도는 공부해야 합니다.

4. 기업의 주가가 적정한지 여부 판단

기업의 비즈니스 모델을 공부하고 분석해 보니, 앞으로도 계속 성장할 수 있는 기업이라고 판단이 들어서 투자해야겠다는 생각이 들었다면 그 기업의 주가가 너무 비싼 건 아닌지, 적당한 가격인지 확인해 봐야 합니다.

5. 투자전략 수립

기업이 유망하고 주가도 적정하다고 판단이 들었다면 그 회사의 주식을 사면 됩니다. 여기서 반드시 생각해야 할 게 있습니다. 먼저 이 기업에 얼마를 투자할 건지 정해야 합니다. 예를 들어, 내 전체 예산이 5,000만 원 있는데 그중 1,000만 원으로 이 기업의 주식을 사겠다고 가정하면, 이 기업에 투자할 예산이 1,000만 원이 되는 것입니다. 그러면 1,000만 원으로 그 기업의 주식을 한 번에 다 살 것인지, 200만 원씩 다섯 번에 걸쳐서 분할매수를 할 것인지를 정해야 합니다. 투자금액이나 투자성향에 따라 몇 번에 나눠서 매수할지는 다르겠지만 한 번에 성급하게 다 매수하지 않고 분할매수를 해야 실수를 줄일 수 있습니다.

많은 주식 초보자가 기간을 정하지 않고 주식을 사는 경우가 많습니다. 내가 이 기업을 공부하고 분석하고 전문가 의견도 종합해 봤을 때, 이 기업의 주가가 앞으로 3년 뒤에는 최소 3배까지 오를 수 있을 거라 판단했다고 가정하겠습니다. 예를 들어, 이 기업의 주가가 50달러인데 3년 뒤에 주가가 150달러까지 될 수도 있다고 예상한다면, 내가 투자할 경우 목표주가는 150달러, 투자기간은 3년이 되는 것입니다.

이렇게 유망한 기업을 발굴하고, 기업의 실적이 성장해 왔는지, 앞으로도 성장할 수 있을지를 확인한 후에 주가가 싼지 비싼지, 지금까지 배운 투자지표를 통해서 평가해 보고, 투자를 결정했다면 목표 투자기간과 기업가치를 정해 놓고 투자합니다.

투자성향에 맞는 포트폴리오 전략 수립

US STOCKS

포트폴리오가 무엇이고 왜 만들어야 하는지에 대해 설명하겠습니다. 포트폴리오란 주식 투자를 포함한 자산관리를 할 때 다수의 종목에 분산투자함으로써 리스크를 최소화하고 투자수익은 극대화하기 위한 방법입니다. 포트폴리오를 구성하는 데 정답은 없습니다. 개인적인 투자성향에 따라 다를 수 있고, 나이나 결혼 유무, 자산 보유 내역 등에 따라서도 다를 수 있습니다. 나이가 젊다면 좀 더 변동성이 있더라도 성장성이 높은 종목의 비율을 좀 높일 수도 있고, 은퇴를 바라보는 나이라면 배당금이 넉넉한 대형우량주의 비율을 높일 수도 있습니다. 하지만 포트폴리오 전략 수립에서 잊지 말아야 하는 원칙이 있습니다.

첫 번째 원칙. 절대로 돈을 잃지 마라.

두 번째 원칙. 절대로 첫 번째 원칙을 잊지 마라.

투자의 대가 워렌 버핏의 명언입니다. 이처럼 투자에서 가장 중요한 것은 돈을 잃지 않아야 한다는 것입니다.

예를 들어 알아보겠습니다. 다음 표에서 보는 것처럼 A와 B 2개의 포트폴리오가 있습니다. 위는 월별 수익률이고, 아래는 수익에 따른 자산의 변화를 보여 줍니다.

자산 수익률 비교

수익률	0	1	2	3	4	5	6
A포트폴리오		30%	-30%	30%	-30%	30%	-30%
B포트폴리오		5%	0%	5%	0%	5%	-5%
자산 변화	**0**	**1**	**2**	**3**	**4**	**5**	**6**
A포트폴리오	100	130	91	118.3	82.8	107.7	75.4
B포트폴리오	100	105	105	110.3	110.3	115.8	110.0

A포트폴리오의 수익률을 보면 1월부터 6월까지 30% 상승 및 30% 하락을 반복했습니다. 30% 상승이 3번, 30% 하락이 각각 세 번이었습니다. 아래 자산의 변화를 보면 자산이 100에서 6개월 뒤에는 75.4로 줄어 있는 것을 확인할 수 있습니다.

반면에 B포트폴리오는 상승폭과 하락폭이 크지 않습니다. 결과적으로 안정적인 포트폴리오를 구성한 B가 수익률이 더 좋습니다. 결과적으로 수익률이 높더라도 한 번의 폭락으로 큰 손실을 보는 A보다 안정적인 수익률을 거두면서 폭락장에서 방어가 잘 되는 B가 누적수익률이 높습니다.

이제 나만의 포트폴리오를 만들기 전에 포트폴리오 구성 원칙에 대해 알아보겠습니다.

첫 번째 포트폴리오 구성 원칙은 자산 배분의 원칙입니다. 먼저 자산의 의미가 주식만 뜻하는 것은 아닙니다. 주식도 자산의 일부이고, 채권·금·원자재도 모두 자산의 범위에 포함됩니다. 이런 자산 배분은 주가의 흐름이 상승장일 때와 하락장일 때, 그리고 보합장일 때에 따라 배분 비율이 다를 수도 있습니다. 일반적으로 상승장일 때는 주식의 비중이 높고, 하락장일 때는 채권이나 금과 같은 안전자산의 비중이 높습니다.

다음 페이지의 그림은 주가가 전체적으로 하락할 때 자산을 지킬 수 있는 방법들에 대한 것입니다. 채권, 경기방어주, 고배당 ETF, 인버스 ETF 등 여러 방법으로 하락장에서도 자산을 지킬 수 있는 자산 배분 원칙을 설명하고 있습니다.

하락장에 대응하는 방법-유형별 ETF

채권	경기방어주	고배당 ETF	인버스 ETF
SHY, SHV, GOVT	XLP, VDC	PFF, PGX, PFE	PSQ, QID, SQQQ
IEF, TLH, TLT, SPTL	NOBL	QYLD	SH, SDS, SPXU
BSV, SPSB, MINT, VCSH	FSTA, IYK	SPHD, SDIV	기타
	XLU, VPU		GLD, IAU

두 번째 포트폴리오 구성 원칙은 산업과 종목을 구분해야 합니다. 예를 들어, 앞으로 전기자동차 시장이 거질 것 같아서 이 산업에 투자해야겠다고 생각한다면 테슬라같이 전기자동차를 만드는 기업에 투자할 수도 있고, 배터리를 생산하는 기업에 투자할 수도 있습니다. 열심히 공부하고 기업을 분석해서 특정 기업에 대한 확신이 있는 게 아니라면 개별 종목과 해당 산업에 골고루 투자하는 게 좋습니다. 해당 산업에 투자하는 방법으로는 ETF에 투자하는 방법이 있습니다.

ETF란 Exchange Traded Fund의 약자로 '상장지수펀드'라고 합니다. 쉽게 말해 어떤 주제를 가지고 그 주제에 맞는 종목들을 묶어서 한 번에 투자할 수 있는 것을 말합니다. 예를 들어, 미래에 전기자동차 산업이 유망할 것 같은데 전문지식이 없어서 어디에 투자해야 할지 모르겠다고 가정하겠습니다. 전기자동차와 관련된 산업으로는 전기자동차 업체, 배터리 업체, 전기자동차나 배터리 부품을 생산하는 업체, 배터리 원료회사 등이 있습니다.

이렇게 전기자동차와 관련된 산업에 한꺼번에 투자하고 싶다면 어떻게 해야 할까요? ETF 중에서 LIT ETF가 있습니다. LIT ETF는 전기자동차와 배터리 관련된 산업 전반에 투자하는 ETF입니다. ETF

ETF 투자 시 유의사항

ETF란?

- ETF란?
  상장지수펀드(Exchanged Traded Fund), 일종의 펀드
- 펀드란?
  펀드 매니저가 다양한 주식들을 배분하고 투자자들의 돈을 모아서 운용하는 것

ETF 선택 시 유의사항

1. 자산 규모 : 가급적이면 최소 $1B 이상
2. 자산운용사 규모(BlackRock, Vanguard, State Street)
3. 거래량 : 최소 100,000 이상
4. ETF 거래 기간 : 최소 5년 이상
5. 자산 구성 내역 확인은 필수

[ETF, 펀드, 주식의 차이점]

구분	ETF	펀드	주식
시장 거래	가능	불가	가능
거래 비용	증권사 위탁수수료 및 보수(~0.99%)	보수(1~3%) 및 판매·환매 수수료	증권사 위탁수수료
매매 시 세금	국내 주식형 : 없음 기타 : 배당소득세(15.4%)	배당소득세(15.4%)	증권거래세(0.3%)
결제일	T+2	T+2~8	T+2
운용 투명성	자산 구성 내역(PDF) 매일 공개	자산운용보고서 등에 운용 내역 공개	

에 대해서는 다음 장에서 더 자세히 배우도록 하겠습니다.

　세 번째 포트폴리오 구성 원칙은 투자기간을 설정해야 합니다. 개별 종목이 됐건 ETF가 됐건 내가 정해 놓은 투자기간이 3년이고 목표수익률이 60%라고 가정했을 때, 3년 뒤에 목표수익률을 달성했다면 계속 보유할지 매도해서 수익 실현을 할지 판단해야 합니다.

　네 번째 포트폴리오 구성 원칙은 포트폴리오의 정기적인 리밸런싱입니다. 내 포트폴리오의 자산비율과 편입자산을 정기적으로 재조정하거나 점검하는 것입니다. 장기투자 관점에서 볼 때 리밸런싱을 해야 하는 경우는 여러 가지가 있을 수 있습니다. 내가 투자한 산업의 트렌드가 바뀔 수도 있고, 코로나19처럼 경제에 타격을 줄 수 있는 다른 이슈가 있을 수도 있습니다.

　주식의 유형별 특징까지 고려해서 나만의 포트폴리오를 만들어 보겠습니다. 다음 포트폴리오는 참고용 예제일 뿐 이렇게 하라는 것은 아닙니다. 포트폴리오는 개인의 투자성향에 따라 달라질 수 있습니다. 이 예제는 대형우량주와 고성장주 배당수익을 목적으로 한 고배당주로 구성한 주식자산과, 채권과 실물자산을 포함한 예제입니다. 그리고 포트폴리오 전략에서 중요한 부분은 현금 보유 비중입니다. 전체 자산에서 상황에 따라 10~30% 정도는 현금 보유 비중을 유지해 주는 것이 좋습니다.

　포트폴리오 전략의 핵심은 주식 투자에서 자산 배분의 원칙을 잘 지켜야 한다는 것입니다. 포트폴리오는 한 번 만들었다고 해서 끝나

○○○의 포트폴리오

| | | | | | 투자금액 | $100,000 |

자산군		종목명	목표 비중		목표 비율	목표 투자금액
주식	대형 우량주	애플(AAPL)	6	5	13.0%	$13,043
		마이크로소프트(MSFT)	1		2.2%	$2,174
		QQQ ETF(QQQ)	3		6.5%	$6,522
		구글(GOOGL)	2		4.3%	$4,348
	고성장주	테슬라(TSLA)	3		6.5%	$6,522
		LIT ETF(LIT)	5		10.9%	$10,870
	고배당/ 경기방어주	AT&T(T)	2		4.3%	$4,348
		XLP ETF(XLP)	1		2.2%	$2,174
채권		TLT ETF(TLT)	3	3	22.5%	$22,500
		IEF ETF(IEF)	1		7.5%	$7,500
실물		GLD ETF(GLD)	2	1	6.7%	$6,667
		SLV ETF(SLV)	1		3.3%	$3,333
현금			1		10.0%	$10,000
					100.0%	$100,000

는 것이 아닙니다. 주기적으로 포트폴리오를 점검하고 리밸런싱을 통해 나만의 포트폴리오를 키워 나간다고 생각해야 합니다.

05

미국
ETF에 대한
모든 것

ETF가 무엇인가요?

지금부터는 미국 ETF에 대해서 배워 보겠습니다. 주식을 처음 하는 사람은 ETF라는 단어가 생소할 수 있습니다. ETF란 Exchanged Traded Fund의 약자로 상장지수펀드입니다. 펀드와 비슷하지만 애플이나 마이크로소프트와 같은 주식을 사는 것처럼 이 ETF도 원하는 ETF를 주식처럼 사고팔 수 있습니다.

과일 가게

묶음 판매 가격

2,000원   3,000원

2,400원   1,600원

1,400원   1,200원

좀 더 쉽게 이해할 수 있도록 그림으로 설명하겠습니다. 과일을 사러 과일가게에 들어왔습니다. 옆 페이지의 그림에서 보는 것처럼 사과는 4묶음에 2,000원, 레몬은 5개에 3,000원, 배는 3개에 2,400원 이렇게 묶음 판매를 한다고 가정하겠습니다. 이중에서 사과와 딸기, 체리를 사려고 합니다.

사과는 4개에 2,000원이고, 딸기는 6개에 1,400원, 그리고 체리는 3묶음에 1,200원입니다. 이 3종류의 과일을 다 산다면 4,600원이 필요합니다. 그런데 내 주머니에는 3,000원밖에 없습니다. 3종류의 과일을 다 먹어 보고 싶지만 과일가게 주인은 사과 1개, 딸기 1개, 체리 1개씩 낱개로는 팔지 않는다고 합니다.

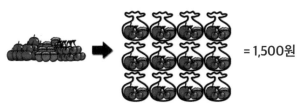

이렇게 사과 1개, 딸기 1개, 체리 1개를 낱개로 묶어 놓고 묶음 판매를 하는 것이 바로 ETF의 개념입니다. 앞 페이지의 그림과 같이 묶음 판매를 해서 1묶음을 1,500원이라는 가격에 싸게 판매한다면 3,000원밖에 없어도 이 묶음 과일을 2개 사서 과일을 골고루 맛볼 수 있습니다.

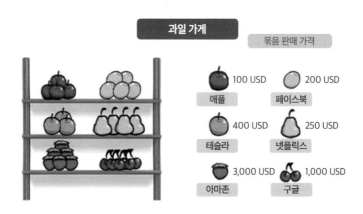

그러면 과일을 기업으로 변경해서 생각해 보겠습니다. 애플이나 아마존, 테슬라, 구글, 넷플릭스, 페이스북 등의 회사 주식을 다 사고 싶습니다. 그런데 아마존 같은 경우는 3,000달러가 넘기 때문에 주식 1주 사는 것도 부담스러울 수 있습니다. 직장생활을 하는 사람이 매달 50만 원씩 내가 좋아하는 기업의 주식을 조금씩 사고 싶다면 아마존이나 구글 같은 종목은 너무 비싸서 사고 싶어도 살 수가 없습니다.

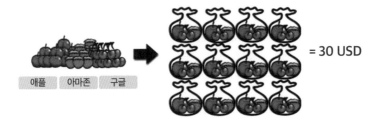

애플, 아마존, 구글 묶음 ETF

애플   아마존   구글   = 30 USD

하지만 내가 좋아하는 기업을 묶어 묶음 판매하는 ETF를 산다면 저렴한 가격으로 내가 원하는 기업의 주식을 살 수 있습니다. 만약에 애플과 아마존·구글을 묶은 ETF가 있고, ETF 1주당 30달러에 판매한다면 30달러만 내고도 애플과 아마존·구글 주식을 사 모을 수 있는 것입니다.

ETF가 상장지수펀드라고 했는데, 그럼 ETF와 펀드는 어떤 차이가 있을까요? 펀드는 펀드 매니저가 다양한 주식을 배분해 놓고, 투자자들의 돈을 모아서 운용하는 것입니다. 적은 액수로도 여러 종목에 분산투자할 수 있다는 점에서 ETF와 비슷합니다. 하지만 펀드는 매수와 매도할 때 실시간으로 거래할 수 없습니다. 내가 오늘 이 가격으로 사야겠다고 결정하고 매수해도 결제 시간이 3일 뒤에 이루어집니다. 그리고 환매 수수료가 ETF에 비해 훨씬 비쌉니다. 일반적인 펀드는 1~3% 정도를 환매수수료로 부담해야 하지만 ETF는 연간 운용 수수료가 1% 미만입니다.

예를 들어, Vanguard라는 자산운용사에서 운용하는 VOO라는 ETF는 S&P500 지수를 추종하는 ETF인데, 연간 운용 수수료가 0.03%밖에 안 됩니다. 그렇기 때문에 포트폴리오를 구성할 때 개별 종목과 ETF를 적절히 분배해서 투자한다면 좀 더 안정적인 포트폴리오 운용을 할 수 있습니다.

주식 공부할 시간이 부족한 사람일수록 ETF의 보유 비중을 높이는 게 좋습니다. 개별 종목에 투자한다면 그 기업에 대해서 자세히 공부해야 하고 재무제표도 보고, 주가가 비싼 건 아닌지 분석도 해봐야 합니다. 만약에 주식 전문가가 아닌 일반인이 20개 이상의 개별 종목을 보유하고 있다면 회사에 문제는 없는지 확인할 시간이 없습니다. 각자 하는 일이 있으니, 대부분의 업무 시간에는 생업에 종사하느라 주식 공부할 시간이 부족하기 때문입니다.

그렇기 때문에 내가 현재 주식 투자에 얼마나 많은 시간을 할애할 수 있는지, 운용 자금은 얼마나 할지에 대해서 정하고, 개별 종목과 ETF 보유 비중을 어느 정도로 하는 것이 좋을지 생각해서 포트폴리오 전략을 짜야 합니다. 주식을 처음 시작하는 사람이라면 전체 자산에서 ETF 보유 비중을 70% 이상으로 포트폴리오를 구성하는 것을 추천합니다.

그런데 ETF도 종류가 너무 많습니다. ETF를 운용하는 자산운용사도 많고 운용 수수료도 다릅니다. 그래서 ETF를 선택할 때 꼭 확인해야 하는 5가지에 대해서 짚어 보겠습니다.

ETF 선택할 때 확인해야 할 5가지

1 운용자산 규모는 크면 클수록 좋다! 자산 규모가 최소 $1B 이상의 ETF를 선택

2 하루 거래량은 최소 100,000건 이상

3 ETF 거래 기간도 길면 길수록 안정적 : 최소 5년 이상

4 자산 구성 내역 확인은 필수! 어떤 종목에 투자하고 있는 ETF인지 먼저 확인

5 규모가 큰 자산운용사 선택(Black Rock, Vanguard, State Street)

첫 번째, ETF도 운용자산 규모가 큰 ETF를 선택해야 합니다. 적어도 운용자산 규모가 1Bil 달러 이상인 ETF를 선택하세요. 1Bil이면 10억 달러이니 1,100원의 환율을 적용하면 한화로 1.1조 원입니다.

두 번째, 거래량도 중요합니다. 하루 거래량이 최소 10만 건 이상인지 확인하세요. 거래량이 적은 ETF는 나중에 매도할 때 힘들 수 있습니다. 거래량이 적다면 매도할 때 손해를 보면서 매도해야 할 수도 있습니다.

세 번째, ETF의 상장일도 확인하세요. 거래기간이 길면 길수록 안정적이라고 볼 수 있습니다. 최소 5년 이상 운용하는 ETF를 선택하는 것을 추천합니다.

네 번째, 자산 구성 내역도 확인하세요. 내가 사려는 ETF가 어떤 기업들에 투자하고 있는지 최소 상위 10개 종목은 확인하는 것이 좋

습니다.

　다섯 번째, ETF를 운용하는 자산운용사가 어디인지도 중요합니다. 물론 규모가 큰 자산운용사가 안정적이고 좋습니다. 자산운용 규모 기준으로 볼 때 3대 자산운용사는 Blackrock, Vanguard, State Street입니다.

02 ETF에는 어떤 종류가 있나요?

ETF의 가장 큰 장점은 저렴한 거래비용과 분산투자 효과입니다. 수수료 면에서도 일반 펀드보다 훨씬 저렴합니다. 특히 개별 종목을 하나하나 공부해야 하는 번거로움이 없습니다. ETF 특징만 잘 알고 선택하면 됩니다. 그러면 ETF 유형별로 어떤 것들이 있는지 알아보겠습니다.

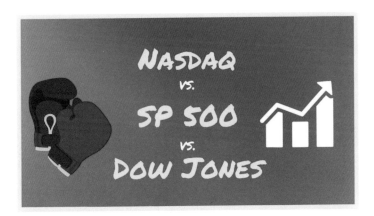

지수형 ETF

티커	지수추종	ETF 이름	운용자산 (단위 : thousands)	개시일	수수료율	배당률	평균 거래량
SPY	S&P500	SPDR S&P500 ETF	$286,639,771.41	1993-01-11	0.09%	1.76%	70,106,192
IVV	S&P500	iShares Core S&P500 ETF	$210,697,954.28	2000-05-15	0.04%	2.09%	3,571,219
VOO	S&P500	Vanguard S&P500 ETF	$158,110,088.49	2010-09-09	0.03%	1.79%	3,345,206
QQQ	NASDAQ	Invesco QQQ	$130,879,693.71	1999-03-10	0.20%	0.62%	45,856,332
DIA	DOWJONES	SPDR Dow Jones Industrial Average ETF	$22,340,628.39	1998-01-14	0.16%	2.21%	3,316,766

ETF를 유형별로 나눠 보면 지수형·섹터형·배당형·테마형과 같은 주식형 ETF가 있고, 채권·원자재 등을 취급하는 ETF가 있습니다.

첫 번째는 지수형 ETF로 인덱스 ETF라고도 합니다. DOWJONES 지수나 NASDAQ, S&P500과 같은 지수와 동일하게 움직이는 ETF 입니다. 추종하는 지수에 해당하는 기업들을 그대로 포함하기 때문에 대체로 해당 지수와 거의 유사하게 움직입니다. 대표적인 지수형 ETF를 알아보겠습니다.

위의 표는 지수형 주요 ETF에 대해서 정리한 자료로 etfdb.com에서 ETF를 검색해서 정리한 것입니다. SPY라는 ETF는 S&P500 지수를 추종하는 ETF입니다. 자산운용사는 State Street입니다. 앞에

SPDR가 붙어 있으면 자산운용사가 State Street라고 보면 됩니다. SPY의 운용자산은 무려 2,866억 달러입니다. 1,200원 환율로 계산해 보면 340조 원입니다. 참고로 운용자산의 단위는 천 단위입니다. 우리나라 시가총액 1위인 삼성전자 시가총액이 350조 원 정도이니, SPY가 운용하는 자산 규모가 얼마나 큰지 알 수 있습니다. 개시일은 1993년 1월 22일부터 시작했고, 수수료율은 0.09%, 배당률은 1.76%입니다. 하루 평균 거래량은 7,000만 건이 넘습니다.

나머지 ETF들도 간단히 알아보겠습니다. S&P500 지수를 추종하는 ETF로 IVV와 VOO가 있습니다. 자산운용사도 각각 Blackrock과 Vanguard로 3대 자산운용사가 운용하니 안전하다고 볼 수 있습니다. 운용자산 규모, 개시일, 거래량 모두 바로 전에 설명한 5가지 확인 항목을 충족합니다.

그 다음에 나스닥 지수를 추종하는 대표적인 ETF로 QQQ ETF가 있습니다. Invesco에서 운용하는 ETF이고, 수수료율이 0.2%로 S&P500 지수를 추종하는 ETF들보다는 조금 높습니다. DIA는 다우존스를 추종하는 ETF입니다. State Street에서 운용하는 ETF이고 수수료율은 0.16%입니다. 배당률이 2.21%로 소개한 ETF들 중에서는 배당률이 가장 높습니다.

두 번째는 섹터형 ETF입니다. 섹터형 ETF는 말 그대로 각각의 산업군에 해당하는 종목들에 투자하는 ETF입니다. Sector SPDR (https://www.sectorspdr.com)이란 사이트를 예로 설명하겠습니다.

섹터형 ETF

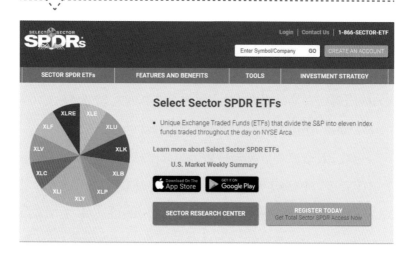

위의 그림처럼 총 11개의 섹터에 대한 ETF를 확인할 수 있습니다. 경기소비재, 필수소비재, 에너지, 금융, 헬스케어, 산업재, 기술재, 소재, IT, 유틸리티, 커뮤니케이션 서비스 각각의 섹터에 개별적으로 ETF를 사는 방법으로 투자할 수 있습니다.

XLK ETF의 보유종목 현황

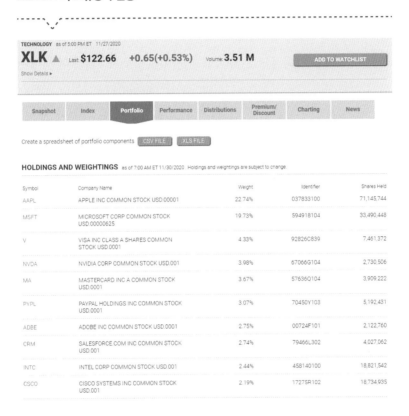

위의 그림은 Technology 섹터에 투자하는 XLK ETF입니다. Portfolio에서 보유종목을 확인할 수 있습니다. 애플, 마이크로소프트, 비자, 엔비디아와 같은 종목들이 있습니다. 여러분도 직접 사이트에 접속해서 확인해 보기 바랍니다. 이렇게 섹터별로 분산투자를 하고 싶다면 각 섹터에 해당하는 ETF를 사면 됩니다.

세 번째는 테마형 ETF입니다. 예를 들면 전기자동차나 클라우드, 인공지능과 같은 특정 테마에 투자할 수 있는 ETF입니다. 방금 전에 알아본 섹터보다는 좀 더 좁은 범위의 산업에 투자할 수 있습니다. 몇 가지 ETF를 알아보면, ARKK ETF는 ARK Invest 자산운용사에서 혁신 기업에 투자하는 ETF이고, SKYY ETF는 FirstTrust라는 자산운용사가 클라우드 산업에 투자하는 ETF이고, BOTZ ETF는 인공지능 산업에 투자하는 ETF이고, LIT ETF는 전기자동차나 배터리 산업에 투자하는 ETF입니다.

네 번째는 채권형 ETF입니다. 말 그대로 채권에 분산투자하는 ETF입니다. 일반 개인 투자자들이 채권을 따로 사기는 힘들기 때문

채권형 ETF

Symbol	ETF Name	Total Assets*	YTD	Avg Volume	ER	Annual Dividend Yield %
SHY	iShares 1-3 Year Treasury Bond ETF	$21,886,047.56	3.04%	3,528,803.00	0.15%	1.63%
SHV	iShares Short Treasury Bond ETF	$21,515,958.10	0.80%	2,998,828.00	0.15%	1.57%
IEF	iShares 7-10 Year Treasury Bond ETF	$21,193,704.26	12.16%	4,126,474.00	0.15%	1.50%
TLT	iShares 20+ Year Treasury Bond ETF	$20,617,697.28	27.27%	9,958,639.00	0.15%	1.64%
BIL	SPDR Barclays 1-3 Month T-Bill ETF	$14,617,563.35	0.41%	3,258,485.00	0.14%	1.20%
GOVT	iShares U.S. Treasury Bond ETF	$14,425,830.23	9.84%	5,787,730.00	0.15%	1.61%
IEI	iShares 3-7 Year Treasury Bond ETF	$11,713,501.39	7.35%	968,511.00	0.15%	1.56%
VGSH	Vanguard Short-Term Treasury ETF	$8,976,285.07	3.04%	1,465,599.00	0.05%	1.64%
SCHO	Schwab Short-Term U.S. Treasury ETF	$7,499,879.95	3.09%	1,216,269.00	0.05%	1.86%
VGIT	Vanguard Intermediate-Term Treasury ETF	$6,655,037.06	8.40%	823,912.00	0.05%	1.70%

에 이런 채권형 ETF를 산다면 소액으로도 채권에 투자할 수 있습니다. 채권은 주식의 하락이 예상되거나, 경기가 안 좋을 때, 리스크 헤지용으로 투자하기도 합니다. 대표적인 채권 ETF로는 장기채권에 투자하는 TLT ETF, 중기채권에 투자하는 IEF, 그리고 단기채권에 투자하는 SHY ETF가 있습니다. 모두 BlackRock 자산운용사의 ETF입니다.

다섯 번째는 배당형 ETF입니다. 앞에서 알아봤던 ETF들도 배당금을 지급하는 ETF가 있지만 배당형이라고 분류를 한 ETF는 배당률이 좀 더 높은 ETF들입니다. 배당금을 분기별로 지급하는 기업도 있고, 매월 지급하는 기업도 있습니다. ETF도 마찬가지입니다. 배당형 ETF는 배당률이 높은 기업들만 모아 놓은 고배당 ETF도 있고, 배당금을 꾸준히 잘 올려 주는 기업에 투자하는 배당성장형 ETF도 있습니다.

고배당 ETF로는 SPHD ETF가 있는데 Invesco 자산운용사에서 취급하는 ETF로 9월 25일 기준으로 배당률이 5.73%입니다. Vanguard 자산운용사의 VIG ETF는 배당성장 ETF입니다. BlackRock에서 운용하는 배당성장 ETF도 있는데 DGRO라는 ETF입니다. 그 밖에 배당률 10%대의 고배당 ETF들도 있지만, 배당률이 높다고 무조건 좋다고 볼 수는 없습니다. 보통 배당률이 높으면 높을수록 주가 성장률은 높지 않기 때문에 적당한 배당률에 주가 성장성까지 좋은 ETF를 선택하는 것이 현명합니다.

여섯 번째는 원자재 ETF입니다. 원자재 ETF는 원유나 금, 은과 같은 원자재에 투자하는 상품입니다. 원자재의 경우는 여러 가지 이유로 변동성이 크기 때문에 정확하게 시장을 이해하지 않고 투자하는 것은 위험할 수 있습니다. 몇 가지 ETF를 알아보면, GLD ETF는 말 그대로 금에 투자할 수 있는 ETF로 State Street 자산운용사에서 취급하는 ETF입니다. 그 밖에 UCO라는 원유 ETF도 있습니다.

4차 산업혁명 관련 ETF에는 어떤 게 있을까?

03

이번에는 4차 산업혁명을 주제로 해서 분야별 ETF를 알아보겠습니다. 대표적인 ETF는 ARK Invest 자산운용사의 ETF들입니다. 주식을 처음 접하는 사람이라면 ARK Invest라는 이름이 생소할 수 있으니 ARK Invest 자산운용사에 대해 간단히 소개하겠습니다. "혁신이 성장의 열쇠다."라는 슬로건으로 '파괴적인 혁신' 기업들을 발굴해서 투자하는 자산운용사입니다. 굉장히 공격적인 투자성향을 가진 자산운용사입니다. ARK Invest 자산운용사에서 중점적으로 내세우는 7가지 키워드는 인공지능과 딥러닝, 자율주행, 3D프린팅, 유전자 연구, 핀테크, 로봇공학, 블럭체인과 암호화폐입니다.

다음 페이지의 그래프는 ARK Invest가 운용하는 ETF들과 S&P500 지수를 추종하는 SPY ETF의 3년 수익률입니다. 그래프에서 보는 것처럼 S&P500 지수를 크게 이기면서 주목을 받았습니다.

ARK Invest 운용 ETF와 SPY ETF 수익률 비교

ARK Invest가 운용하는 5개 ETF의 1년 주가 변화 그래프를 보면 5개 ETF가 모두 S&P500 지수를 추종하는 ETF인 SPY ETF보다 수익률이 훨씬 좋습니다.

그러면 ARK Invest 자산운용사의 ETF를 소개하겠습니다.

ARK Invest 자산운용사의 ETF

ARKK ETF에서 보유한 TOP 10 종목

Top 10 Holdings	
TSLA - Tesla Inc	9.57%
SQ - Square Inc A	8.01%
NVTA - Invitae Corp	7.13%
ROKU - Roku Inc Class A	5.97%
CRSP - CRISPR Therapeutics AG	5.71%
TWOU - 2U Inc	4.71%
TREE - LendingTree Inc	3.67%
ILMN - Illumina Inc	3.58%
PRLB - Proto Labs Inc	3.56%
Z - Zillow Group Inc C	3.47%
Total	55.37%
# of Holdings	42.0

ARKQ ETF에서 보유한 TOP 10 종목

Top 10 Holdings	
TSLA - Tesla Inc	9.89%
TWOU - 2U Inc	8.83%
XLNX - Xilinx Inc	7.10%
MTLS - Materialise NV ADR	4.78%
SSYS - Stratasys Ltd	4.40%
PRLB - Proto Labs Inc	3.91%
GOOG - Alphabet Inc Class C	3.78%
KTOS - Kratos Defense & Security Solutions Inc	3.42%
DE - Deere & Co	3.25%
JD - JD.com Inc ADR	3.24%
Total	52.61%
# of Holdings	38.0

ARKK ETF는 혁신을 주제로 광범위한 기업에 투자하는 ETF입니다. 기술 혁신이 주제이기 때문에 특정 산업이나 섹터에 국한하지 않고 광범위한 산업에 투자하는 ETF입니다. 테슬라나 모바일 결제 플랫폼 기업인 Square, 유전자 치료기술을 개발하는 기업인 Invitae 등의 주식을 가장 많이 보유하고 있습니다. 위의 표는 ARKK ETF가 보유하는 상위 10개 기업입니다. 나머지 기업들도 참고하세요.

ARKQ ETF는 자동화 기술 및 로보틱스 관련 산업에 투자하는 ETF로 에너지 저장과 우주산업까지 커버하고 있습니다. 위의 표는 상위 10개 보유종목입니다. 테슬라나 구글같이 우리에게 낯익은 기업도 있고 그렇지 않은 기업들도 있습니다.

ARKW ETF에서 보유한 TOP 10 종목

Top 10 Holdings	
TSLA - Tesla Inc	8.98%
SQ - Square Inc A	8.18%
ROKU - Roku Inc Class A	6.84%
TWOU - 2U Inc	3.75%
Z - Zillow Group Inc C	3.64%
TREE - LendingTree Inc	3.14%
HUYA - HUYA Inc ADR	2.92%
SNAP - Snap Inc Class A	2.90%
WORK - Slack Technologies Inc Class A	2.76%
XLNX - Xilinx Inc	2.70%
Total	**45.81%**
# of Holdings	**50.0**

ARKG ETF에서 보유한 TOP 10 종목

Top 10 Holdings	
CRSP - CRISPR Therapeutics AG	11.02%
NVTA - Invitae Corp	10.71%
ARCT - Arcturus Therapeutics Holdings Inc	6.45%
ILMN - Illumina Inc	5.73%
CGEN - Compugen Ltd	5.14%
TWST - Twist Bioscience Corp	4.09%
IOVA - Iovance Biotherapeutics Inc	3.64%
CDNA - CareDx Inc	3.53%
EDIT - Editas Medicine Inc	3.32%
VCYT - Veracyte Inc	3.20%
Total	**56.84%**
# of Holdings	**41.0**

ARKW는 차세대 인터넷 사업에 투자하는 ETF입니다. 클라우드, 보안, 빅데이터, IoT 등에 투자하고 있습니다. 테슬라는 ARK Invest 의 여러 ETF에서 다양하게 보유하는 종목입니다. 이렇게 각 ETF가 어떤 종목을 보유하는지를 보는 것도 투자 아이디어 발굴에 도움이 될 수 있습니다.

ARKG는 유전자 생명공학에 관련한 기업에 집중적으로 투자하는 ETF입니다. 유전자 기술을 이용해서 불치병을 치료하거나, 질병에 강한 가축이나 해충에 강한 식물을 개량하는 등 많은 분야에 활용될 수 있습니다. 개별 종목들을 살펴보면서 기업들을 직접 분석해도 좋습니다.

ARKF ETF에서 보유한 TOP 10 종목

Top 10 Holdings	
SQ - Square Inc A	11.73%
MELI - MercadoLibre Inc	5.63%
Z - Zillow Group Inc C	4.92%
AAPL - Apple Inc	4.73%
TCEHY - Tencent Holdings Ltd ADR	4.45%
TREE - LendingTree Inc	4.40%
PINS - Pinterest Inc	3.83%
Adyen NV	3.71%
SE - Sea Ltd ADR	3.47%
AMZN - Amazon.com Inc	3.17%
Total	**50.05%**
# of Holdings	**45.0**

ARKF는 새롭게 금융시장을 이끌어 갈 혁신 기업에 집중 투자하는 ETF입니다. 블록체인, 암호화폐, 금융 플랫폼 관련 기업들이 있습니다.

PRNT ETF는 3D프린트 산업에 투자하는 ETF입니다. 3D프린터가 대중화되면 제조업이 붕괴될 것이라는 말도 있습니다. 가정에서 필요한 물건들을 직접 3D프린터로 만들어 사용하는 시대가 올 테니까요.

IZRL ETF는 이스라엘의 혁신 기술을 가진 기업에 투자하는 ETF입니다.

지금까지 ARK Invest가 운용하는 ETF에 대해 설명했습니다. 그 밖에 몇 가지 ETF를 더 소개하겠습니다.

먼저 LIT라는 ETF는 전기자동차와 배터리 산업에 투자하는 ETF입니다. 자산운용사는 Global X입니다. 수수료는 다른 ETF와 비교해서 조금 비싼 0.75%입니다.

LIT ETF에서 보유한 TOP 15 종목

ETF ETFdb.com   CHANNELS ▼   DATABASE   TOOLS ▼   NEWS ▼   RESEARCH ▼   WEBCASTS   THEMES ▼

Price:	$37.62 ↑
Change:	$0.40 (1.07%)
Category:	Large Cap Blend Equities
Last Updated:	Sep 25, 2020

LIT Stock Profile & Price

Dividend & Valuation

Expenses Ratio & Fees

Holdings

Fund Flows

Charts

ESG

Performance

Technicals

Realtime Rating

Fact Sheet

Read Next

More at
ETFTrends.com

Top 15 Holdings

Symbol	Holding	% Assets ▼
ALB	Albemarle Corp	9.80%
TSLA	Tesla Inc	8.43%
1211	Byd Co Ltd	8.21%
051910	LG Chem Ltd	6.13%
002460	Ganfeng Lithium Co Ltd	5.54%
300750	Contemporary Amperex Technology Co Ltd	4.93%
006400	Samsung SDI Co Ltd	4.37%
300207	Sunwoda Electronic Co Ltd	4.09%
002812	Yunnan Energy New Material Co Ltd	4.02%
002371	NAURA Technology Group Co Ltd	3.88%
6752	Panasonic Corp	3.56%
300450	Wuxi Lead Intelligent Equipment Co Ltd	3.31%
SQM	Sociedad Quimica y Minera de Chile SA	3.30%
ENS	EnerSys	2.91%
MIN	Mineral Resources Ltd	2.86%

가장 보유 비중이 큰 기업은 알버말 코퍼레이션입니다. 전기자동차 배터리에 공급하는 리튬의 최대 공급 업체입니다. 그 다음으로 테슬라, 전기자동차와 전기버스 등을 생산하는 중국 기업 BYD, LG화학, 리튬 광산을 소유한 Ganfeng Lithum, 배터리를 생산하는 삼성SDI와 파나소닉이 있습니다.

그 밖에 클라우드 산업에 투자하는 SKYY ETF도 있고, 로봇과 인공지능 산업에 투자하는 BOTZ라는 ETF도 있습니다. 그리고 반도체 기업들만 집중적으로 투자하는 SMH라는 ETF도 있습니다. 소개한 ETF들은 직접 etfdb.com에서 검색해 보기 바랍니다. 주식을 처음 하는 사람이나 주식 투자에 많은 시간을 할애할 수 없는 사람은 개별 종목보다는 ETF에 투자하는 것이 분산투자 효과도 있고 리스크를 줄일 수 있어 편리합니다.

06

배당주에
투자해서
미국 주식으로
월세 받기

배당금이란?

먼저 배당금이 무엇인지 배워 보겠습니다. 배당금이란 기업이 일정 기간 영업활동으로 벌어들인 이익금 일부 또는 전부를 주주가 가져가는 것을 의미합니다. 좀 더 쉽게 예를 들어 보겠습니다. 어떤 기업이 1년에 1,000억 원의 순이익을 냈다고 가정하겠습니다. 순이익 1,000억 원에서 500억 원, 즉 순이익의 50%를 주주들에게 배당금으로 나눠 주겠다고 결정했다면, 배당금 500억 원에서 총발행주식수를 나누면 주식 1주당 배당금이 얼마인지 계산해 볼 수 있습니다. 총발행주식이 1억 주라고 가정하면, 당기순이익(1,000억 원) / 발행주식수(1억 주) = 1,000원, 즉 주당순이익(EPS)은 1,000원이 되고, 순이익의 50%를 배당금으로 주는 것이니, EPS인 1,000원의 50%, 즉 주당 배당금은 500원이 됩니다.

이렇게 주당순이익이 1,000원이고 주당 배당금은 500원을 지급한다면, 순이익이 50%를 배당금으로 주는 것입니다. 이런 경우 이 기업의 배당성향은 50%입니다. 간혹 배당성향이 100%가 넘는 기업들이 있습니다. 만약 어떤 기업의 배당성향이 200%라고 한다면, 1년 당기순이익이 1,000억 원인데 주주 배당금은 2,000억 원을 준다는 것입니다.

배당성향이 100%가 넘는다는 것은 기업이 번 돈보다 주주에게 나눠 주는 돈이 더 많다는 의미입니다. 부족한 돈은 회사에 남아 있는 돈으로 주는 것이니, 지금 당장은 좋을 수 있어도 장기적인 관점에서 볼 땐 바람직하지 않습니다.

그러면 배당률에 대한 이야기를 해 보겠습니다. 배당률에 대해 헷갈려하는 주식 초보자가 많습니다.

$$\frac{배당금}{현재주가} \times 100 = 배당률$$

예를 들어, 현재 주가가 100달러인데 연간 배당금이 7달러라고 가정하면, 배당률은 7%입니다. 그런데 주가가 100달러에서 80달러로 하락했다면, 배당률은 이렇게 계산할 수 있습니다.

$$\frac{7달러}{80달러} \times 100 = 8.75\%$$

즉 기업이 배당금을 삭감하지 않는다는 가정하에, 주가가 하락하면 배당률은 상대적으로 상승하게 됩니다. 이는 배당수익을 목적으로 배당투자를 하는 투자자의 입장에서 우량기업의 주가가 조정을 받았을 때 주식을 사는 게 투자대비 수익률이 좋다는 의미입니다.

　미국은 오래전부터 주주 배당문화가 발달했기 때문에 주식을 굳이 사고팔면서 차액으로 돈 벌려고 하지 않아도 높은 배당률로 수익을 낼 수 있습니다. 미국 기업의 80% 이상이 배당금을 지급하고 있는데 주로 분기 배당으로 지급하고, 매달 월세처럼 배당금을 주는 월배당 지급 기업도 많이 있습니다. 요즘같이 은행 금리가 낮은 경우에는 배당금을 넉넉히 주고 주가 변동성이 낮은 주식을 사는 것도 좋은 투자 방법이라고 할 수 있습니다.

배당주 선정 기준은 어떻게 해야 할까?

이번에는 배당주를 선택하는 기준에 대해 배워 보겠습니다. 우선 기업이 배당금을 주주들에게 지급한다는 말은 기업의 현금 창출 능력이 좋다는 의미입니다. 배당금을 꾸준히 올려 주는 기업은 오랜 기간 탄탄한 재무 구조를 바탕으로 주주들에게 신뢰를 쌓은 주주 친화적인 기업으로 배당에 인색한 기업보다 기업 이미지가 좋습니다. 물론 성장성이 높은 초기 기업들은 주주 배당금보다는 기업의 발전에 더 투자를 하는 경우도 있습니다.

그러면 기업이 배당금을 주는지 안 주는지 확인하는 방법, 배당률이 몇 %인지 확인하는 방법, 그리고 배당금이 언제 지급되는지 확인하는 방법을 알아보겠습니다.

코카콜라 배당금

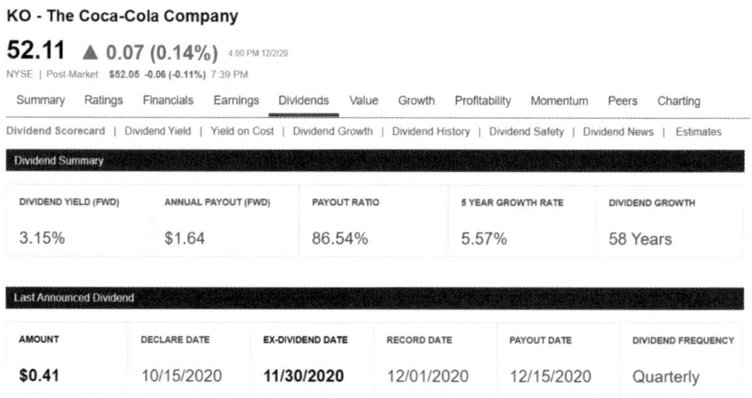

KO - The Coca-Cola Company

52.11 ▲ 0.07 (0.14%) 4:00 PM 12/2/20
NYSE | Post-Market: $52.05 -0.06 (-0.11%) 7:39 PM

Summary　Ratings　Financials　Earnings　**Dividends**　Value　Growth　Profitability　Momentum　Peers　Charting

Dividend Scorecard | Dividend Yield | Yield on Cost | Dividend Growth | Dividend History | Dividend Safety | Dividend News | Estimates

Dividend Summary

DIVIDEND YIELD (FWD)	ANNUAL PAYOUT (FWD)	PAYOUT RATIO	5 YEAR GROWTH RATE	DIVIDEND GROWTH
3.15%	$1.64	86.54%	5.57%	58 Years

Last Announced Dividend

AMOUNT	DECLARE DATE	EX-DIVIDEND DATE	RECORD DATE	PAYOUT DATE	DIVIDEND FREQUENCY
$0.41	10/15/2020	**11/30/2020**	12/01/2020	12/15/2020	Quarterly

　위의 그림은 Seeking Alpha 사이트에서 코카콜라의 티커인 KO를 입력하고 Dividends 메뉴를 클릭한 화면입니다. Dividend Yield 항목에 3.15%라고 되어 있는 것을 확인할 수 있습니다. 3.15%가 바로 배당률입니다. 그 다음 Annual Payout, 즉 연간 주당 배당금은 1.64달러라는 의미입니다. Payout Ratio는 배당성향을 의미합니다. 코카콜라의 배당성향은 86.54%이기 때문에 회사가 번 돈의 86.54%를 주주들에게 배당금으로 지급한다는 의미입니다. 5년 평균 배당성장률은 5.57%이고, 배당성장(Dividend Growth)은 무려 58년 동안이나 한 번도 깎지 않고 올려 줬습니다. Ex-Dividend Date는 바로 배당락일입니다. 배당금을 받으려면 이 배당락일 이전에 주식을 보유하고 있어야 합니다. 이날까지 주식을 보유하고 있으면 Payout Date, 즉

배당지급일에 배당금을 받을 수 있습니다. Dividend Frequency 부분에 Quarterly라고 되어 있는데, 이는 배당주기가 분기배당이라는 의미입니다.

　　Dividend Growth 메뉴를 클릭해서 코카콜라의 배당성장률을 그래프로 확인해 볼 수도 있습니다. 이렇게 그래프로 보면 1990년부터 꾸준히 배당금을 올려 주고 있는 것을 확인할 수 있습니다.

코카콜라 배당성장률

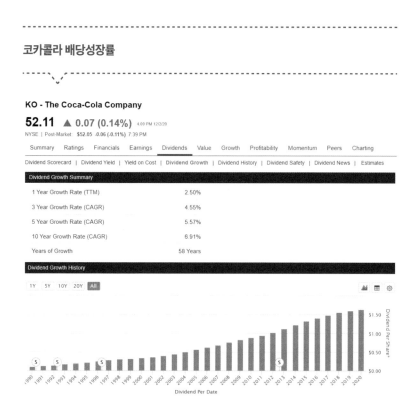

코카콜라는 2010년에 주당 배당금을 0.8달러 정도 지급했고, 2020년 주당 배당금은 1.64달러입니다. 10년 만에 배당금이 거의 2배로 올랐습니다. 만약에 오피스텔에 투자해서 임대소득을 올린다고 가정하면, 10년 만에 월세를 2배 올릴 수 있을까요? 미국 주식 시장에는 이렇게 오랜 동안 배당금을 올려 주는 기업이 많습니다. 변동성이 큰 성장주보다는 안정적이면서 배당금을 많이 주는 배당주에 투자하고 싶다면 다음 몇 가지 사항을 확인해 봐야 합니다.

첫 번째로 배당금 성장 기간을 확인합니다. 미국에서는 50년간 배당금을 연속으로 올려 준 기업을 배당 킹(Dividend Kings)으로 분류하고, 25년간 연속으로 배당금을 올려 준 기업을 배당 귀족(Dividend Aristocrats)으로 분류합니다. 배당금을 계속 올려 준 기업이라면 오랜 동안 안정적인 매출과 이익을 내는 기업이기 때문에 재무건전성이 좋습니다.

두 번째로 Payout Ratio, 즉 배당성향을 확인합니다. 배당성향이 높다는 것은 주주에게 그만큼 배당금을 많이 주겠다는 의미입니다. 하지만 배당성향이 100%가 넘는다면 기업이 벌어들이는 순이익보다 배당금을 더 많이 주는 것입니다. 회사가 벌어들인 순이익보다 배당금을 더 많이 주면 회사가 보유하는 현금이 계속 줄어든다는 의미로 볼 수 있습니다. 이런 기업은 배당금을 많이 준다고 무조건 좋아하기보다는 왜 이렇게 배당금을 많이 주는지 확인해 봐야 하고, 투자에 유의해야 합니다.

세 번째로 주가의 성장성도 같이 봐야 합니다. 배당률이 높고 주가의 성장성이 작더라도 변동성이 적은 주식을 선호하는지, 아니면 배당률이 좀 낮더라도 성장성이 높은 기업을 선호하는지는 개인의 투자성향에 따라 다를 수 있습니다. 보통 성장성이 높은 섹터의 기업들은 배당금을 지급하지 않는 경우가 많습니다. 이런 기업들은 수익을 나눠 주기보다는 새로운 기술이나 콘텐츠 개발을 통해 주가를 끌어올리는 것이 더 낫다고 판단하기 때문입니다. 투자에 정답이 있는 것은 아니지만 본인의 투자성향에 따라서 연간 목표수익률과 목표 배당수익 전략을 정하고 그에 맞는 포트폴리오를 만들기 바랍니다.

배당주 투자의
장단점 및 주의할 점

US STOCKS

배당주 투자의 장단점과 주의할 점을 알아보겠습니다. 주주에게 배당을 한다는 것은 돈을 넘어서는 가치가 있습니다. 기업이 주주에게 지급하는 배당금은 그 기업의 임직원들이 열심히 일해서 낸 실적입니다. 기업과 주주는 이렇게 서로 비전과 이익을 공유하는 관계라는 점에서 은행에 돈을 맡기고 이자를 받는 것보다 더 가치가 있습니다. 주주를 위해 몇 십 년간 배당금을 올려 주는 훌륭한 기업도 많습니다. 하지만 투자자의 입장에서 장기적인 관점에서 수익성을 생각해 본다면 주의해야 할 점도 있습니다.

주식 투자에서 수익을 내는 경우는 2가지가 있습니다. 첫 번째는 주가가 상승해서 시세차익을 통해 수익을 내는 방법이고, 두 번째는 배당금을 통해 수익을 내는 방법입니다. 주가도 잘 오르고 배당금도 많이 주는 기업이 있다면 정말 좋지만 대체로 배당률이 높은 기업은 저성장 기업이 많습니다. 당장 높은 배당금이 매력적일 수 있지만 성

AT&T와 버라이즌의 주가 변화

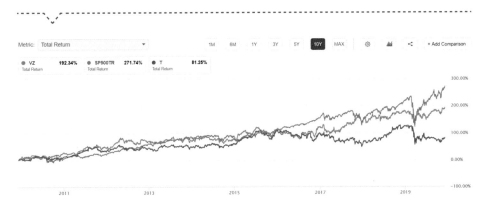

장성이 낮은 기업일 경우는 주가상승을 통한 시세차익을 얻기 힘들
수도 있습니다.

미국의 대표적인 통신기업인 AT&T와 버라이즌의 주가 변화를
S&P500 지수의 변화와 비교해 보겠습니다.

위의 그래프는 2020년 12월 4일 기준의 AT&T와 버라이즌의 주가
변화입니다. 오렌지색이 버라이즌이고, 보라색이 AT&T, 그리고 파
란색이 S&P500 지수입니다. 위의 그래프는 10년간 주가 변화를 보
여 줍니다. S&P500의 수익률은 10년 동안 271.74%를 기록할 동안
버라이즌의 수익률은 192.34%, AT&T는 81.26%의 수익률에 그치고
있습니다. AT&T가 버라이즌보다 배당률이 더 높지만 주가 성장률이
버라이즌에 비해 이렇게 낮기 때문에 전체적인 수익성은 AT&T가 버
라이즌보다 떨어진다고 볼 수 있습니다. 물론 이런 주가의 변화는 기

업의 비즈니스와도 관계가 있기 때문에 단순히 과거의 주가 흐름만 가지고 미래를 판단할 수는 없습니다. 여러분이 생각하는 종목이 있다면 이런 방법으로 해당 종목을 S&P500 지수와 비교해 보면서 성장성을 판단해 보기 바랍니다.

고배당주에 투자할 때 주의할 점이 있습니다. 배당률이 과거에 비해 갑자기 높은 경우가 있는데, 이런 경우는 기업이 배당금을 올려준 것이 아니라면 상대적으로 주가가 하락했다는 의미입니다. 그러므로 주가하락의 이유가 무엇인지 확인한 후에 투자해야 합니다. 임직원 문제 등 기업의 내부적 원인으로 인해 주가가 하락했을 수 있고, 대외적인 다양한 문제로 주가가 하락했을 수 있기 때문에 높은 배당률에 현혹되어 섣부르게 투자했다가는 원금 손실의 위험이 있을 수도 있습니다.

배당성향이 100% 이상으로 높은 경우에는 투자하기 전에 꼼꼼히 점검해야 합니다. 배당금을 가장 많이 받는 사람은 최대 주주인 오너 그룹이기 때문에 기업 청산을 목적으로 악의적으로 배당금을 크게 책정해서 회사의 현금을 빼 가려는 경우도 있기 때문입니다.

배당률이 5% 이상의 기업에 투자하는 경우에는 해당 기업의 향후 매출 및 순이익이 얼마나 더 성장할 수 있을지 분석한 뒤 투자해야 합니다. 가장 쉽게 알아볼 수 있는 방법으로 애널리스트 리포트를 검색해 볼 수 있으며, 미국 주식 정보를 제공해 주는 사이트에서 해당 기업의 향후 예상 매출 및 순이익에 대한 데이터 등의 자료를 보면서 기업의 향후 성장성을 분석해 볼 수도 있습니다.

AT&T 예상 EPS

Fiscal Period Ending	EPS Estimate	YoY Growth	Forward PE	Low	High	# of Analysts
Dec 2020	3.17	-11.22%	9.32	3.05	3.30	26
Dec 2021	3.20	1.12%	9.22	2.78	3.50	27
Dec 2022	3.32	3.52%	8.90	2.86	3.71	17
Dec 2023	3.54	6.57%	8.35	2.94	3.94	7
Dec 2024	3.63	2.71%	8.13	2.81	4.06	6
Dec 2025	3.53	-2.89%	8.38	2.63	4.20	3
Dec 2026	4.29	21.64%	6.89	4.29	4.29	1

위의 표는 AT&T의 향후 EPS에 대하여 애널리스트들이 예상한 자료입니다. 2026년까지 예상 EPS를 볼 수 있는데, 연도별 성장률(YoY Growth)이 그렇게 높지 않은 것을 확인할 수 있습니다. 기업의 주가는 매출과 이익이 성장함에 따라 비례해서 같이 상승하게 됩니다. 매출과 이익이 크게 성장하지 않는다면 주가 역시 큰 상승을 기대할 수는 없습니다. 이렇게 배당률이 높은 배당주의 성향을 잘 파악하고 포트폴리오 전략을 짜야 합니다.

미국의 유망한 배당주로는 어떤 것들이 있는지 한 번 알아보겠습니다. 이 책에서는 종목 추천을 하지는 않습니다. 스스로 기업 분석을 해서 좋은 회사를 찾을 수 있는 능력을 길러 주는 것을 목표로 하고 있습니다. 그러면 배당 투자를 목적으로 종목을 선정할 때 잘 판단할 수 있도록 몇 가지 팁을 알아보겠습니다.

배당주를 고를 때 중요한 부분이 배당성장입니다. 배당금을 얼마나 꾸준히 오래 올려 줬는지는 배당 투자자에게 중요한 요소입니다. 미국 배당주는 얼마나 오랜 기간 연속으로 배당금을 올려 줬는지에 따라서 배당 킹(Dividend Kings), 배당 귀족(Dividend Aristocrats), 그리고 배당 도전자 혹은 배당 성취자(Dividend Achievers)로 분류합니다. 50년 이상 배당금을 지속적으로 인상한 기업은 배당 킹, 25년간 배당금을 지속적으로 인상한 기업은 배당 귀족, 그리고 10년 이상 배당금을 인상한 기업은 배당 성취자로 분류합니다.

배당 킹 기업들

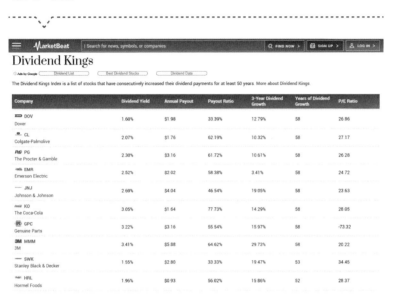

위의 표는 MarketBeat.com이란 사이트에서 제공하는 배당 킹에 대한 자료입니다. 참고로 MarketBeat.com의 상단 메뉴에서 Financial Calendar에 마우스를 올려놓으면 메뉴가 펼쳐지는데, 거기서 Dividend Kings이란 항목을 클릭하면 확인할 수 있습니다.

Procter & Gamble, 3M, 존슨 앤 존슨, 그리고 코카콜라와 같은 우리에게 친숙한 기업들을 볼 수 있습니다. 이런 식으로 먼저 배당 킹 종목들에는 어떤 것들이 있는지 확인하면서 배당률을 비교해 봅니다. 그 밖에 Annual Payout, 연간 배당금, 배당성향도 확인해 볼 수 있습니다.

배당 킹 종목들답게 순이익의 100% 이내, 거의 대부분이 순이익의 50~70% 범위 내에서 배당금을 지급하고 있습니다. 이렇게 안정적으로 회사가 번 돈에서 배당금을 지급하는 것을 확인할 수 있습니다. 앞의 표에서 Years of Dividend Growth 항목은 배당금을 연속으로 올려 준 기간을 의미합니다. 배당 킹 종목들답게 모두 50년 이상 배당금을 꾸준히 올려 준 것을 확인할 수 있습니다.

같은 방법으로 배당 귀족과 배당 성취자에는 어떤 종목들이 있는지 직접 확인해 보세요. 이런 방법으로 기업을 검색해 보고 나서, 3장에서 배운 대로 기업의 투자지표와 재무제표를 점검해 보고, 그 기업의 비즈니스 모델이 앞으로도 유망한 분야인지 매출과 이익이 성장할 수 있는지를 확인해 봐야 합니다.

주식 투자에서 가장 기본은 좋은 기업의 주식을 싼 가격에 사는 것입니다. 아무리 좋은 종목이어도 비싼 가격에 산다면 수익을 내기 힘들 수 있습니다.

이렇게 배당 킹, 배당 귀족을 보면서 투자 아이디어를 발굴할 수도 있고, 4장에서 배운 것처럼 4차 산업혁명을 주제로 톱 다운 방식으로 종목을 발굴해 보면서, 미래에 유망한 기업들 중에서 배당률도 괜찮고 배당성장도 꾸준히 유지되는 기업을 찾아볼 수 있습니다.

주식 투자를 하기 위해 장기적인 관점에서 투자할 기업을 찾는다면 지금 당장 배당률이 높은 기업보다는 지금은 배당률이 조금 낮더라도 앞으로 배당성장과 주가상승까지 동시에 기대할 수 있는 기업에 투자를 고려해 보는 것도 좋은 방법입니다.

07

돈을 잃지 않는
방법과
나만의
투자원칙
만들기

경제 전문가가 추천해 주는 종목을 믿어도 되나요?

경제방송을 보면 종목을 추천해 주는 경우가 있습니다. 경제방송에서 어떤 기업을 소개하거나 추천하는데, 그 기업의 비즈니스 모델이나 매출, 순이익과 같은 실적에 대한 자세한 설명 없이 어떤 테마로 뜨는 종목이라고 추천해 준다면, 그 말만 듣고 주식을 사는 것은 주식 투자가 아닌 투기이고 베팅입니다.

좀 다른 얘기를 해 보겠습니다. 예전에 방송에서 모 개그맨이 아파트 청약을 넣어서 나중에 완공되고 가 봤는데, 아파트가 아주 외진 곳에 있었다고 합니다. 직접 가 보지 않고 청약을 넣었다고 합니다. 지도로만 대충 보고 앞으로 개발이 많이 되는 지역이라는 말만 듣고 청약을 넣은 것이죠. 결국 여러 가지 이유로 살기에 너무 불편해서 헐값에 다른 사람에게 넘겼다고 합니다.

전문가가 추천해 주는 종목이라고 여러분이 검증 없이 그냥 사는 것은 예시한 부동산 청약의 경우와 똑같습니다. 우리가 살 집을 계약

한다고 할 때 가 보지도 않고 계약하는 사람은 없습니다. 경제방송 같은 매체에서 종목을 추천해 준다면, 기업의 비즈니스 모델에 대한 이야기를 하는지, 매출 성장성이나 순이익에 대한 이야기를 하는지 확인해 보고 투자 여부를 결정해야 합니다.

아마도 경제방송 등에서 다음과 같은 내용으로 방송하는 것을 본 적이 있을 것입니다.

"앞으로 인공지능 관련 업체가 유망한데, 인공지능 관련 종목으로는 이런 종목들이 있습니다. 주가 흐름은 이렇게 되고 있습니다. 최근에 살짝 조정이 있는데, 목표 매수가 5,000원, 목표가 6,000원, 손절가 4,000원입니다."

또는 차트를 보며 이평선, 양봉, 음봉과 같은 용어를 사용하면서 매수 타이밍을 잡으라는 이야기들도 들어 본 적이 있을 것입니다.

매수가가 5,000원이면 왜 5,000원인지, 목표가가 6,000원이면 왜 6,000원인지에 대한 설명은 없습니다. 투자기간에 대한 이야기도 잘 하지 않습니다. 이런 형태의 방송은 대단히 잘못되었다고 생각합니다. 주식 투자 문화를 건강한 장기투자가 아닌 단타나 트레이딩으로 방송에서 유도하는 것이라고 생각합니다.

혹시 경제방송에서 이런 형태의 종목 추천 방송을 봤다면, 이 책에서 지금까지 배운 대로 기업의 주가는 적정한지 투자지표들을 통해 점검해 보고, 재무제표를 보면서 재무적인 측면에서 안정성이 있는지 직접 분석해 보기 바랍니다. 기업의 비즈니스가 앞으로 유망한 산업인지, 그 기업의 독창적인 서비스가 기술력이 있는지, 매출이 성장하고 이익을 내고 있는지, 주가는 적정한지, 지금까지 배운 투자지표들을 동종 업계나 산업평균과 비교해 보면서 이 기업의 주가가 실적 대비 너무 고평가된 것은 아닌지를 따져 보고 주식 매수 여부를 결정해야 합니다.

만약에 이 기업이 너무 마음에 들고 유망한 것 같은데 PE Ratio가 너무 높다면 어떻게 판단해야 할까요? 먼저 왜 이렇게 높은 것인지 생각해 봐야 합니다. 그 기업이 향후 1~2년 내에 기대되는 성과로 인해서 앞으로 1~2년의 예상 실적까지 이미 주가에 반영된 것이라면 투자하기 전에 여러분 스스로가 판단 기준을 세워야 합니다.

예를 들어, 현재 이 기업의 PE Ratio가 70배라고 가정하겠습니다. 비슷한 업종들이나 산업평균은 PE Ratio 50배 정도라고 가정하고 이 기업을 분석했을 때, 유망한 기업이란 건 인정하지만 아무리 좋게 봐도 PE Ratio 60배 이상은 인정하지 못하겠다는 생각이 든다면, 바로 투자하지 말고 주가가 좀 조정되고 자신이 생각한 수준까지 떨어지기를 기다려야 합니다.

"그러다가 주가가 더 안 떨어지고 오르면 어떡하지?"라는 생각이 들 수도 있습니다. 만약에 그래서 놓친 종목이 있다면 그건 깨끗이 잊어버리세요. 적어도 내가 투자하지 않았다면 손해는 보지 않습니다. 우리에게는 기회가 너무나도 많습니다. 투자할 때는 절대로 조바심 내지 말고 냉정한 마음으로 결정하고 판단해야 합니다.

경제 전문가가 추천해 주는 종목이라도 반드시 여러분이 직접 점검해 보고 스스로 체크리스트를 만들어서 점수를 매겨 보고 투자하기 바랍니다. 제가 운영하는 클래스101 온라인 강의에서는 체크리스트로 기업을 평가해 볼 수 있도록 하고 있습니다. 이렇게 체크리스트 형태의 기록을 남겨 놔야 혹시라도 내 판단이 틀렸을 경우 추후에 복기해 볼 수 있고, 그런 과정을 통해서 내 판단력을 더 정확하게, 그리고 기업을 보는 눈을 더 예리하게 만들 수 있기 때문입니다.

02 종목을 추천해 주는 유료 채팅방을 이용해도 되나요?

이번에는 종목을 추천해 주는 유료 채팅방에 대해서 알아보겠습니다. 먼저 '리딩방'이라는 말을 들어 보셨나요? 공개 혹은 비공개된 커뮤니티 사이트나 동영상, 채팅방 등의 플랫폼과 같은 소규모 그룹이나 모임 등을 통틀어서 리딩방이라고 합니다.

주로 주식 초보자나 주식 투자에 시간을 많이 할애할 수 없는 사람

VIP리딩방, [20.05.20 09:22]

- 종목명 :
- 추천가 :
- 목표가 :
- 추매가 :
- 손절가 :
- 거래일 :

들이 좀 쉽게 돈을 벌어 보려고 리딩방을 이용합니다. 그러면 리딩방의 사기 수법과 피해 사례에 대해서 제가 조사한 내용을 말씀드리겠습니다.

먼저 리딩방에서는 계좌 상황을 모두 오픈하지 않습니다. '계좌의 ○○○% 수익률을 보여 준다.' 식으로 종목과 수익금액은 가리고 수익률 부분만 보여 줍니다. 이건 누구나 할 수 있습니다. 어떻게 할까요? 그냥 테마주나 오를 만한 종목을 1주씩 매수해 놓는 것입니다. 1주나 100주나 1,000주나 수익률은 %로 보이기 때문에 똑같습니다. 이렇게 얻어걸린 종목이 나오면 마치 자기가 엄청난 수익을 올린 것처럼 광고하는 것입니다. 특히 주식 초보자들은 수익률 %만 보고 덜컥 유료가입을 하는 경우가 있습니다.

그 다음에 과거의 블로그 게시글을 수정하는 수법이 있습니다. 오래전에 올린 게시물을 수정하는 방법으로 마치 본인이 그 종목의 상승을 맞춘 것처럼 조작하는 것입니다. 예를 들어, 급증 예상 종목 몇 가지를 블로그에 게시해 두고 며칠 지난 뒤에 본인이 틀렸다면 틀린 부분을 수정해서 마치 본인이 예측한 종목들이 수익을 낸 것처럼 꾸며 놓고, 이 게시물에 본인이 운영하는 리딩방의 URL을 붙여 놓는 것입니다. 인터넷에서 검색으로 유입하는 경우 오래전 게시물을 보고 오는 사람들도 많이 있기 때문입니다.

이런 경우도 있습니다. 리딩 단톡방 8개를 개설합니다. 물론 처음에는 무료방으로 만듭니다. 방을 만들고 여기저기서 본 기사 몇 개를 가져와서 종목 추천을 합니다. 단톡방 8개 중에서 4개의 방에는 오른다고 하고, 나머지 4개의 방에는 내린다고 얘기합니다. 그럼 절반은 맞겠죠?

같은 방법으로 상승한다는 것을 맞춘 4개의 방에서 또 같은 방법으로 2개 방에는 오르고, 2개 방에는 내린다고 합니다. 이렇게 반복하면 마지막으로 남은 1개 방에 있는 사람들은 세 번 모두 적중한 것을 경험하게 됩니다. 그럼 운영자는 이 방을 유료방으로 전환하고, 앞으로는 돈을 지불해야 자료를 공개한다고 합니다. 유료방의 경우 회비에 차등을 두기도 합니다. 수익을 더 많이 내고 싶다면 고액회비 방으로 오라고 유혹하는 것입니다.

계약서를 체결하는 경우에도 문제가 있을 수 있습니다. 예를 들어, 계약서에 누적수익률 몇 % 달성이 안 될 경우 회비를 환불해 준다는 규정이 있는데, 이 수익률 계산도 문제가 있습니다. 단순 추천만으로 사지도 않은 종목을 수익률에 포함시키는 경우가 가장 많고, 기간에 대한 명시가 명확하지 않아서 환불 규정을 교묘하게 피해 가는 경우도 있습니다. 리딩방을 이용하는 사람들도 주식을 단기간에 사고파는 형태로 차익을 내려는 사람이 대부분입니다.

다시 한 번 강조하자면, 주식은 단타나 트레이딩을 해서는 돈을 벌 수 없습니다. 운 좋게 한두 달 수익을 낸 것으로 본인이 마치 주식 고수인 것처럼 유료 리딩을 해 준다는 사람도 많습니다. 그들의 돈벌이 수단은 유료회원비입니다. 이 부분을 명심하길 바랍니다. 주식 투자로 돈을 벌고 싶다면 지금 여러분들처럼 공부하는 것에 시간을 투자해야 합니다.

작전세력에게 당하지 않는 방법

이번에는 작전세력이 정확히 무엇인지 알아보고 작전세력에게 당하지 않는 방법에 대해서 알아보겠습니다. 먼저 주식시장에서 말하는 작전과 작전세력이 무엇인지 알아보겠습니다. 작전이란 '주식시장의 주가를 의도적으로 조작하는 것'을 말합니다. 작전세력은 주가조작을 공모하는 사람들을 말합니다. 이렇게 작전세력에서 큰 시나리오를 짜고 작전을 주도하는 사람을 '주포'라고 합니다. 주식시장에서 이런 작전세력에 의해 시세가 조작되는 경우, 일반 투자자들은 주가상승을 호재로 생각하고 더 오르기 전에 들어가야 한다는 조바심에 주식을 매수하게 됩니다. 이런 패턴으로 일반 투자자들이 피해를 보게 되는 것입니다.

작전은 어떻게 시작하고 이뤄질까요?

1. 작전을 주도하는 '주포'가 함께할 몇 명의 멤버를 모집합니다.

2. 그 다음에 재료를 준비합니다. 종목을 선택하고 시나리오를 짭니다. 예를 들어, 어떤 규모가 작은 바이오 기업에서 신약 개발을 했다거나, 해외에서 큰 오더를 받았다는 형태로 일반인들이 현혹될 수 있을 만한 재료를 찾는 것입니다.
3. 주포의 자본금은 보통은 최소 100억 원이 넘는다고 합니다. 정해진 시나리오대로 주식을 매수해서 가격을 띄웁니다.
4. 일반 투자자들이 몰리기 시작하면 작전세력은 순차적으로 주식을 매도하고 빠져나갑니다.

작전세력은 어떤 사람들일까요? 증권가에서 근무하는 펀드 매니저, 기관투자자를 동원할 수 있는 사람, 주식을 대량 매입할 수 있는 큰 손, 종목을 추천해서 분위기를 띄울 수 있는 애널리스트나 증권 담당 기자들로 완벽한 팀을 만듭니다. 이 부분에 대해서는 저도 이 책을 준비하면서 여러 기사나 자료를 찾아본 것임을 분명히 밝힙니다. 저 역시 인터넷의 자료나 기사를 통해서 봤고 직접 만나본 적은 없습니다. 물론 대부분의 애널리스트는 좋은 분일 것입니다.

작전주의 특징을 알면 피해를 입지 않겠죠?

먼저 작전주를 피하기 위해 확인해야 할 사항들에 대해 알아보겠습니다.
1. 자본금이 100억 원 이내의 기업이나 하루 평균 거래량이 작은 기업인지 확인해 보세요.

2. 기업 실적이 좋지 않은 기업이나 주가가 저가인 상태가 작전주 대상으로 선정되기에 적당합니다. 작전주로 주가가 낮은 기업을 고르는 이유는 일반 투자자는 주가가 높은 주식에 투자하는 것을 부담스러워하기 때문에 낮은 가격의 주식을 선호하는 것입니다.

3. 일반 투자자가 잘 모르는 종목일 확률이 높습니다. 한마디로 유명하지 않은 기업이 작전주로 선정될 확률이 높습니다.

작전주는 어떤 주가 흐름의 패턴을 보여 줄까요?

1. 전체 시장이 하락장이어도 주가상승폭이 큰 경우가 있습니다. 국내 주식의 경우 상한가에 도달하는 경우도 많이 볼 수 있습니다.

2. 첫 상한가를 기록해도 거래량이 많지 않은 경우가 있는데, 이미 세력들이 물량을 확보했기 때문입니다. 그렇기 때문에 장 중에 상한가를 기록해도 매물이 나오지 않고 거래량이 늘지 않는 것입니다.

3. 연속으로 상한가를 가고 있을 때 개인투자자가 모이기 시작하는데 이때 한 번 주가를 흔들어 주면서 기존 투자자들 물량도 확보합니다.

4. 이렇게 원하는 지점까지 주가를 올리고 나면 순차적으로 물량을 일반 투자자에게 넘기면서 빠져나옵니다. 그렇게 되면 주가는 보통 원래의 가격으로 돌아오게 됩니다.

작전주에 당하지 않으려면 어떻게 해야 할까요?

1. 기업의 과거 5년간 재무제표를 확인해 봅니다. 재무 구조가 우량한 기업들은 작전세력이 주가 조작을 하기도 쉽지 않고, 우량한 기업의 경영자 역시 작전과 같은 위험한 행위를 할 이유가 없습니다.

2. 대주주나 경영진 교체가 있었는지 확인해 봅니다. 보통 작전세력이 개입한 기업은 법적인 문제가 생길 수 있어서 사전 작업으로 경영진을 교체한다거나, 대주주의 주식을 미리 확보하는 경우가 있기 때문입니다.

3. 대표이사나 임원진의 경력을 확인해 봅니다. 예를 들어, IT 기업의 대표이사가 IT 분야와 전혀 관계없는 엉뚱한 분야의 경력을 가지고 있다면 문제가 있을 수도 있습니다.

4. 마지막으로 작전세력에 당하지 않기 위해 가장 중요한 사항은 대형우량주에 투자하는 것입니다. 대형우량주나 ETF 위주로 투자하면 적어도 작전세력에게 당하는 일은 없습니다.

기업의 규모가 작지만 유망한 기업에 투자를 하고 싶은 경우에도 전체 자산의 극히 일부만 투자해서, 혹시 피해를 보더라도 전체적인 자산운용에 영향이 없도록 포트폴리오를 구성하기 바랍니다. 그리고 한 종목에 내가 가지고 있는 총자산을 모두 투자하는 것은 위험한 투자 방식입니다. 설령 내 투자금의 규모가 작다고 해도 분산투자를 통해 리스크 헤지 전략을 수립해야 합니다.

04 내가 산 주식이 하락할 때 대처 방법

U S   S T O C K S

내가 산 주식이 하락할 때 어떻게 대처해야 하는지 알아보겠습니다. 대부분의 주식 초보자가 반복하는 패턴이 있습니다. 주식을 매수하고 떨어지면 불안해하다가 결국 못 버티고 매도하는 경우가 많습니다. 다른 종목의 주가가 올라가는 게 보이면 더 늦기 전에 상승하는 종목으로 갈아타야 한다는 생각을 하게 되기 때문입니다.

기업을 정확하게 분석하는 것도 중요하지만 주식을 싼 가격에 사서 비싼 가격에 팔아야 돈을 벌 수 있습니다. 주식을 샀다 팔았다 단타로 수익을 내야 한다는 의미가 아닙니다. 주식 투자의 기본 개념은 좋은 기업의 주식을 계속 모아 가는 것입니다. 주식을 사서 언젠가 팔아야 한다면 비싼 가격에 팔아야 차익 실현을 해서 돈을 벌 수 있다는 뜻으로 말씀드린 것입니다.

예를 들어 설명하겠습니다. 어떤 기업을 분석하고 투자를 하려고 하는데, 현재 그 기업의 주가가 50달러라고 가정하겠습니다. 유망한 기업이라는 확신은 있는데, 분석한 바로는 "이 기업의 주가가 지금 현재는 잘해야 30달러 정도가 적정하다."라고 생각했다고 가정하겠습니다. 기업의 비즈니스 모델이나 앞으로 예상되는 매출이나 이익 등을 고려해서 PE Ratio나 PS Ratio 등의 멀티플을 산업평균이나 동종 업계와 비교해 보고 판단했을 때, 현재 주가는 30달러가 적정하고 50달러는 너무 비싸다고 생각한 것입니다.

그런데 기업의 향후 3년, 5년 뒤 예상 매출이나 순이익에 대한 분석 자료를 보니, 지금보다 매출이 5배가 오르고 이익도 5배가 오를 것 같아서, 50달러가 비싼 것 같긴 하지만 장기투자를 목적으로 하자고 생각하고 50달러에 매수했다고 가정하겠습니다. 어떤 종목의 주식을 매수할 때는 내 자금 상황에 맞게 분할매수를 하는 것이 중요합니다. 최소 3~5회에 걸쳐 분할매수를 합니다. 예를 들어, 어떤 종목에 5,000달러를 투자하겠다고 생각했다면 1,000달러씩 5번에 나눠서 매수를 하거나, 1,500달러씩 3회 정도로 나눠서 분할매수를 하는 것이 좋습니다.

주식을 분할매수해서 내가 목표한 투자금액만큼 매수했는데, 예상과 다르게 주가가 상승하지 않고 하락한다면 어떻게 해야 할까요? 먼저 주가가 하락할 만한 이유를 나열해 보겠습니다. 대형우량주 기준입니다. 중소형 주들은 작전세력에 의한 주가 상승이나 하락이 있을 수 있기 때문에 대형우량주에 투자했다고 가정하고 주가가 하락하는 이유를 알아보겠습니다.

첫 번째는 전체적인 시장이 하락하는 경우입니다. 2008년 금융위기나 2020년 코로나처럼 전체적인 시장에 타격이 왔을 때, 기업의 실적과 상관없이 주가가 하락하는 경우입니다. 그 밖에도 전반적인 실물 경제가 침체되어 실업률이 오른다거나, 기업의 실적과 상관없는 이슈로 주가가 하락할 수 있습니다.

두 번째는 기업의 실적이 예상과 다르게 저조한 경우입니다. 기업의 실적 발표는 분기별로 하는데, 모든 기업은 연간 실적에 대한 목표도 있고 분기별 목표도 있습니다. 이 단기간 실적은 예상보다 좋을 수도 있고 좋지 않을 수도 있습니다. 기업의 실적이 예상보다 좋지 않았을 때, 투자자 입장에서는 이 기업의 비즈니스 모델이나 사업의 방향성이 내가 생각했던 대로 잘 가고 있는지를 살펴봐야 합니다. 예를 들어, 테슬라에 투자한 이유가 전기자동차와 자율주행 플랫폼 시장에서 업계 1위를 계속 유지할 것 같다는 생각을 가지고 투자했는데, 전기자동차 시장 1위에서 밀리거나 갑자기 자율주행 기술 개발을 중지한다는 발표를 했다면, 내가 해당 기업에 투자한 이유나 목적에 반하는 경우이기 때문에 매도를 검토해 볼 수 있습니다.

세 번째는 기업에서 유상증자를 하면서 주가가 하락한 경우입니다. 유상증자는 쉽게 말해 기업이 주식을 더 찍어 내서 돈 받고 파는 것입니다. 수요와 공급의 법칙에서 공급이 많으면 가격이 떨어지는 것과 같은 원리입니다. 물론 장기적으로 기업의 실적이 좋다면 유상증자를 해서 주가가 하락했다고 해도 다시 주가가 우상향할 수 있습니다.

네 번째는 기업 내부의 문제로 인해 주가가 하락한 경우입니다.

대표이사나 임원진이 사고를 크게 쳤다거나, 회사에서 큰 결제 대금을 받아야 하는데 못 받았다거나 하는 등 내부 문제가 있을 수 있습니다.

다섯 번째는 주가가 실적 대비 너무 올라서 좀 쉬어 가는 개념으로 주가의 조정이 있을 수 있습니다.

만약 내가 보유한 종목의 주가가 내가 생각했던 것 이하로 하락한다면 위에서 언급한 5가지 중에서 어느 부분에 해당하는지를 한 번 생각해 봐야 합니다.

주식 투자를 훌륭한 기업의 주식을 계속 모아 가는 개념으로 봤을 때, 매도해야 하는 경우는 2가지로 생각해 볼 수 있습니다.

첫 번째는 내가 목표한 기업가치에 도달했을 경우입니다. 이 경우는 매도할지, 목표 기업가치를 상향 조정하고 투자기간과 목표 기업가치를 수정하고 계속 보유할지를 결정하면 됩니다.

두 번째는 내가 생각했던 비즈니스 모델이나 방향성과 다르게 가는 경우입니다. 예를 들어, 테슬라의 시가총액은 GM이나 Ford와 같은 기존 대형 자동차 기업들보다 훨씬 높습니다. GM이나 Ford 같은 기업과 비교했을 때, 테슬라의 매출 규모가 작은데도 불구하고 왜 시가총액이 더 높을까요? 시장에서는 테슬라를 자동차 기업뿐만 아니라 자율주행 플랫폼 기업, 100만 대가 넘는 테슬라 차량들이 거리를 다니면서 수집하는 데이터를 빅데이터로 쌓아 두고 분석하는 데이터 기업으로 보기 때문에 기존 자동차 기업들보다 더 높게 평가받는 것입니다. 만약 이런 가능성을 보고 테슬라에 투자를 했는데, 테슬라가 자율주행 기술 개발을 포기하고 그냥 자동차만 만들겠다고 한다면, 내가 처음 투자할 때 생각했던 이 기업의 비즈니스 모델이나 방향성과 다른 것입니다. 이런 경우라면 매도를 고려해 볼 수 있습니다.

주가가 하락할 때 불안한 이유는 왜 하락하는지 잘 모르기 때문입니다. 그래서 불안한 마음이 들면, 이 기업에 주식 투자를 결정했을 때 생각했던 투자이유와 투자목적 그리고 투자기간을 다시 한 번 생각해 볼 필요가 있습니다. 어떤 종목에 투자할 경우, 각 종목별로 투자할 때 생각했던 목표주가나 기업가치를 적어 두고, 투자기간과 체크리스트 점수는 몇 점이었는지 그리고 투자이유에 대한 메모를 해놓습니다. 주가가 하락한다면 방금 전에 설명한 5가지 이유 중 어떤 이유일지 생각하면서 점검해 보는 것입니다.

이렇게 어떤 기업의 주가가 하락한다면, 내가 투자를 하게 된 사항들에 대해 일정한 루틴을 만들어서 확인해 보세요. 골프선수들이 샷을 하기 전에 항상 일정하게 정해진 루틴대로 움직이는 것을 본 적 있나요? 타이거 우즈의 프리샷 루틴을 보면, 먼저 빈 스윙을 두 번 하고, 공이 날아갈 지점을 한 번 보고 나서 어드레스 자세를 잡고, 공을 때리기 전에 힘을 빼기 위해 클럽을 뒤로 살짝 두 번 움직이며 클럽 헤드의 무게를 느끼고, 마지막에 멋진 스윙을 합니다. 운동선수들이 이렇게 프리샷 루틴을 하는 이유는 항상 일관된 루틴을 통해서 마음의 평정심을 잡고 실수를 하지 않기 위해서입니다.

주식 투자를 할 때도 이런 식으로 일정한 루틴을 만들면 실수할 확률이 줄어듭니다. 어떤 종목을 매수할 때 확인해야 할 것들을 루틴으로 만들고, 내가 산 종목이 하락할 때도 일정한 루틴을 만들어서 확인해 보고, 주식을 매도할 때도 내가 만든 루틴대로 점검하고 확인해 본다면 실수할 확률도 적고 좀 더 편한 마음으로 주식 투자를 할 수 있습니다. 주식을 매수할 때나 매도할 때 나만의 투자 루틴을 만들어 보기 바랍니다.

내 상황에 맞는 투자금액과 투자시기 정하는 법

US STOCKS

　이번에는 내 상황에 맞는 투자금액과 투자시기를 정하는 방법에 대해 알아보겠습니다. 사람마다 모두 자금 상황이 다릅니다. 대학을 갓 졸업한 20대 사회 초년생이 직장생활을 한다면 매달 버는 소득은 일정하겠지만 자본소득을 위한 시드머니가 없겠죠. 30대 초반이라면 그동안 근로소득을 통해 어느 정도 자금은 모았겠지만 결혼을 하거나 집을 장만하는 데 필요한 자금일 것입니다. 50~60대라면 자식들이 대학에 진학하거나 결혼할 때 필요한 자금이 있을 수도 있습니다. 다시 말해, 내가 지금 가지고 있는 돈이 여유자금이 아니라 어떤 목적에 필요한 목적자금이라는 것이죠.

　주식 투자를 하기 전에 현재 보유하고 있는 현금이 목적자금인지, 여유자금인지를 정확히 파악해 봐야 합니다. 지금 내 통장에 있는 돈이 여유자금이라고 생각하고 있었는데, 갑자기 1년 뒤에 전세 보증금을 올려 달라는 얘기를 듣고 전세 보증금 인상분으로 돈이 나가야 할 수도 있기 때문에, 예기치 못한 지출이 있을 수 있는지 잘 파악해 봐야 합니다.

주식 투자는 목적자금으로 하면 안 되고, 최소 5년 이내에 쓸 일이 없는 여유자금으로 해야 합니다. 왜냐하면 2008년 금융위기나 2020 년 코로나와 같이 예기치 못한 일이 생길 경우 내가 투자한 기업의 실적과 상관없이 시장이 전체적으로 하락하는 경우가 있을 수 있습니다. 만일 그런 시기에 급히 돈이 필요하다면 한참 하락한 시기에 주식을 팔아야 하는 일이 생길 수 있기 때문입니다.

그리고 주식 투자를 위해 기업을 분석하고 경제 관련 뉴스나 금융 공부를 할 시간이 어느 정도 있는지도 주식 투자를 할 때 고려해야 할 변수입니다.

정리하면 다음과 같습니다.

첫 번째, 시드머니가 있는가?

두 번째, 목적자금이 필요한가?

세 번째, 수입의 20% 정도를 주식에 투자할 여력이 있는가?

네 번째, 주식을 공부할 시간이 어느 정도 있는가?

이런 변수들에 따라서 현재 내 자금 상황에서 주식에 투자할 금액을 몇 %로 할지 정해 보기 바랍니다. 주식 투자를 하는 데 견딜 수 있는 손실률이 몇 %까지인지도 한 번 생각해 보기 바랍니다. 주식 투자를 할 때는 연간 목표수익률을 몇 %로 할 것인지를 꼭 생각해서 정하고 투자해야 합니다.

예를 들어, 현재 여유자금이 1,000만 원 정도 있고 매달 받는 급여에서 50만 원 정도를 주식에 투자할 수 있다고 가정하겠습니다. 연간 목표수익률은 10%로 정하겠습니다. 연간 목표수익률 10%는 미국 S&P500 지수의 10년 연평균 성장률을 기준으로 잡은 것입니다.

복리계산기를 통해 예상 수익률을 계산해 보겠습니다. 여유자금 10,000달러와 매달 500달러 정도를 주식에 투자할 수 있다고 가정하고, 연간 목표수익률은 10%를 입력해 보겠습니다. 그리고 투자기간을 30년으로 정해 보겠습니다.

복리계산기로 예상 수익률 계산

예상 수익률 결과

초기 투자금 10,000달러와 매달 500달러씩 투자한 원금의 합이 180,000달러로 투자원금의 합은 190,000달러입니다. 30년 뒤의 총 수익은 1,338,036달러입니다. 투자원금의 7배 수익이 난 것을 확인할 수 있습니다. 앞 페이지의 복리계산기는 배당수익을 재투자하는 것은 감안하지 않고 계산한 것입니다. 이런 방법으로 현재 내가 여유자금으로 투자할 수 있는 초기 투자금액과 매월 주식에 투자할 수 있는 금액을 정해서 연간 목표수익률을 잡은 후에 복리계산기를 통해 예상 수익률을 계산해 보세요.

살다 보면 목돈이 필요할 때가 반드시 있습니다. 어쩔 수 없이 주식을 팔아서 아파트를 사거나 자녀가 결혼하게 되었을 때 비용을 지출할 수도 있습니다. 이렇게 내가 얼마를 투자할 것이며, 목표수익률이 얼마인지 정하고, 몇 년 뒤에는 '내 투자금이 이 정도가 될 것이다.'라는 목표를 정해 놓는다면 긴급한 상황이 와서 주식을 팔아야 하더라도 좀 더 계획성 있게 지출할 수 있을 것입니다.

08

그 밖에
알아 두면
좋은 팁

필수 사이트
활용 팁

US STOCKS

　미국 주식 투자를 하는 데 필요한 사이트들을 소개하고 어떻게 활용하는지 배워 보도록 하겠습니다. 주식 투자를 할 때는 반드시 그 기업의 재무제표를 확인해 봐야 합니다. 기업이 돈을 잘 버는지 볼 수 있는 손익계산서, 기업의 자산 내역이 어떻게 되는지 볼 수 있는 재무상태표, 그리고 실제 현금이 어떻게 들어오고 나가는지 볼 수 있는 현금흐름표에 대해 배웠습니다.

　투자하기 전에는 그 기업의 주식 가격이 비싼지 싼지를 확인해 봐야 합니다. 주식 투자의 기본은 좋은 회사를 잘 선택하는 것이고, 더 중요한 건 그 회사 주식을 싸게 사는 것입니다. 아울러 경제 흐름이나 경제 지표들도 같이 파악하면서 투자하면 더 좋습니다. 이 정보들을 얻기 위해서 필요한 사이트들을 소개하고 어떻게 활용하는지 배워 보겠습니다.

Fred

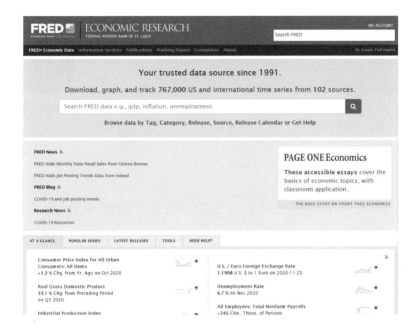

　미국연방준비은행에서 제공하는 미국 경제 통계 자료들을 제공하는 사이트(https://fred.stlouisfed.org)로 미국 경제 흐름이나 경제 통계 자료를 보고 싶을 경우에 이용합니다. 투자할 기업을 분석하기 전에 전체적인 주식시장의 흐름이 어떻게 되는지 큰 틀에서 시장의 흐름을 파악해 보기에 유용합니다. 내가 투자한 기업의 실적과 상관없이 경제 상황이 안 좋을 경우 주가가 하락할 수도 있으니, 중요한 통계 지표들은 자주 확인해 보는 게 좋습니다. M2 통화량, 하이일드 채권 스프레드, 미국 실업률, 연방준비은행 자산의 변동과 같은 주가에 영향을 많이 주는 많은 경제 지표를 확인해 볼 수 있습니다.

Portfolio Visualizer

　과거 주가 흐름을 토대로 내 포트폴리오를 백테스트해 볼 수 있는 사이트(www.portfoliovisualizer.com)입니다. 10년, 20년 전에 주식을 사서 보유하고 있을 경우 얼마나 내 자산이 변화했는지 보여 주는 사이트입니다. 주식을 장기투자하고자 한다면 과거 히스토리를 통해 미래 내 자산의 변화를 예측해 볼 수 있습니다.

Seeking Alpha

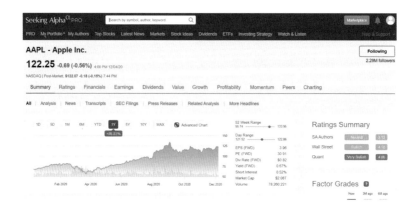

기업의 전반적인 재무제표나 투자지표를 볼 수 있는 사이트 (https://seekingalpha.com)입니다. 기업에 투자를 하기 전에 확인해야 할 사항은 여러 가지가 있습니다. 우선 재무제표를 봐야 하고 주가 흐름이 어떻게 변해 왔는지 차트도 봐야 합니다. 또한 이 회사의 기업가치가 고평가인지 저평가인지도 판단해 봐야 합니다. 이런 것들을 판단하기 위한 투자지표들을 볼 때, 비교적 다른 사이트들보다 편하게 되어 있습니다. 어떤 기업에 대해 투자지표를 Sector Median 값과 쉽게 비교해 볼 수 있을 뿐만 아니라, 경쟁 관계에 있는 기업과도 다양한 투자지표를 비교해 볼 수 있는 기능이 있어 편리합니다.

Finviz

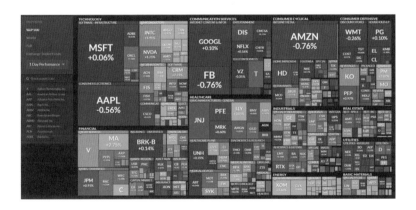

미국 주식시장의 섹터별 전체적인 흐름을 볼 때 유용한 사이트 (https://finviz.com)입니다. 미국 S&P500 기업들의 변화를 한눈에 파악할 수 있습니다. 색깔별로 주가가 상승했는지 하락했는지도 구분해

서 볼 수 있습니다. 미국은 붉은색으로 표시된 부분이 주가가 하락했
다는 의미이고, 초록색으로 표시된 부분이 주가상승을 의미합니다.
어느 섹터와 어느 기업이 주가상승을 주도하고 있는지 한눈에 볼 수
있습니다.

TipRanks

애널리스트들의 의견을 참고할 수 있는 사이트(https://www.tipranks.
com)입니다. 위의 그림은 TipRanks에서 테슬라를 검색한 화면입니
다. 애널리스트들의 의견을 종합해서 1년 뒤 예상 주가를 볼 수 있습
니다. 애널리스트별로 Buy, Hold, Sell과 같은 의견이 각각 몇 명인
지도 볼 수 있습니다. 애널리스트들마다 의견이 이렇게 다를 수 있으
니, 큰 주가의 흐름이 어떻게 될지 참고용으로 보기에 좋습니다.

이상 소개한 사이트들은 모두 기업 분석을 위한 서비스를 제공하며, 특히 편한 기능들이 있는 곳들입니다. 참고로 지금 소개한 사이트들을 실제로 어떻게 이용하는지에 대해서는 제가 진행하는 클래스101 온라인 강의에서 동영상으로 자세히 설명하고 있습니다. 주식 투자를 할 때 이런 사이트들을 잘 활용하면 기업을 좀 더 다각도로 분석해 볼 수 있고 시간을 절약할 수 있으니, 사이트들마다 메뉴나 서비스들을 잘 익히기 바랍니다.

증권사 리포트
보는 방법

US STOCKS

증권사 리포트를 보는 방법에 대해 배워 보겠습니다. 애널리스트 리포트를 볼 때 어떻게 봐야 할지, 우리에게 유용한 자료만 적절하게 필터링할 수 있는 팁을 알려 드리겠습니다.

그 전에 먼저 리포트의 큰 흐름을 알아 두면 이해하기가 좀 더 쉽습니다. 대부분의 리포트는 이런 흐름으로 되어 있으니, 이 관점에서 큰 틀에서 이해하면 됩니다.

첫 번째로 기업 소개가 가장 먼저 나옵니다. 기술력은 어떤 게 있고, 비즈니스 현황은 어떤지, 경쟁사는 누가 있고 경쟁 관계에서 우위에 있는지, 그리고 매출은 어떻게 나오는지에 대해서 기업에 대한 리뷰를 먼저 합니다.

두 번째로 나오는 내용은 그 기업이 속해 있는 산업군에 대한 분석입니다. 앞으로 이 시장이 유망한지, 시간 규모는 얼마나 더 커질지에 대해 여러 가지 통계 자료나 수치들을 근거 자료로 해서 시장을

1 기업 소개, 기술력/비즈니스 현황, 경쟁사 현황, 매출 현황 분석

2 기업이 속해 있는 산업군에 대한 분석, 시장 성장에 대한 전망

3 해당 산업군에서 본 기업의 시장 점유율에 대한 전망, 현재와 미래에 대한 예측

> 예) 1. 해당 산업군의 현재 시장 규모는 10조 원, 5년 뒤 50조 원으로 커질 것으로 전망
> 2. 해당 산업군에 속한 기업의 시장 점유율은 20%, 5년 뒤에는 이런저런 이유로 점유율 40%로 전망
> 3. 해당 기업의 현재 매출이 2조 원
> (현재 시장 규모 10조 원, 점유율 20% = 10조 원 × 0.2 = 2조 원)
> 4. 5년 뒤 시장이 50조 원으로 커지고 해당 기업 점유율 40% 전망
> (50조 원 × 0.4 = 20조 원)
> 5. 현재 2조 원 → 5년 뒤 20조 원 = PS Ratio 현재 기준대로 적용해 본다면 현재 주가보다 10배 상승

전망합니다. 예를 들어, 전기자동차 시장이 현재는 어느 정도의 규모이지만 앞으로 5년, 10년 뒤에는 얼마만큼 커질 것인지에 대해 수치화된 자료가 나옵니다.

그 다음은 해당 산업군에서 이 기업의 시장 점유율이 얼마나 될 것인지에 대한 분석 자료가 나옵니다. 보통은 보는 사람이 설득될 수 있는 수치나 객관적인 자료를 근거로 보여 줍니다. 그래서 그 기업의 미래 실적이나 전망을 예측하는 것입니다.

위의 표에서 예를 든 것처럼, 만약에 이 기업이 속한 산업군의 현재 시장 규모가 10조 원인데, 5년 뒤에는 50조 원으로 5배 커질 것 같

다고 가정하겠습니다. 현 시점에서 이 산업군에 속한 기업의 시장 점유율이 20%인데, 5년 뒤에는 이 기업의 해당 산업 점유율이 40%까지 올라갈 것으로 전망하겠습니다. 이런 전망을 하는 근거는 이 기업의 기술력이 어떤지, 여러 가지 사업을 추진하고 있고, 그 사업이 유망하고, 투자도 이만큼 하고 있기 때문에 이렇게 성장할 것이라는 논리가 있습니다.

이 기업의 연간 매출이 2조 원이라고 가정하겠습니다. 현재 시장 규모가 10조 원인데 점유율이 20%이니, 10조 원 × 20% = 2조 원이 나옵니다. 그러면 5년 뒤에 이 시장 규모가 50조 원으로 5배 더 커지고, 해당 기업의 시장 점유율이 지금보다 더 늘어서 40%까지 된다고 가정하면 50조 원 × 40% = 20조 원을 예상할 수 있습니다.

그러면 현재 매출 2조 원에서 5년 뒤 20조 원의 매출이 정말 가능하다면 현재 기준으로 PS Ratio로 가치 평가를 해 봤을 때, 현재와 동일한 멀티플을 적용해 본다면 현재 주가보다 5년 뒤에 10배 상승이 예상된다는 논리를 펼 수 있습니다. 이해하기 쉽도록 아주 단순화해서 설명한 것입니다.

실제로 기업의 가치평가는 더 여러 가지 방법으로 합니다. 애널리스트 리포트의 페이지 수가 많아도, 이런 흐름을 먼저 알고 있으면 이해하기 쉽기 때문에 예를 들어 설명했습니다. 복잡한 리포트라도 여러분이 머릿속에서 이렇게 단순화시켜서 정리해 보면 이해하기 좀 더 수월할 것입니다.

제가 진행하는 클래스101 온라인 강의에서는 실제 미국 기업의 증권사 애널리스트의 리포트를 같이 보면서 어떻게 해석해야 할지에 대해서 좀 더 자세히 설명하고 있습니다. 모든 분석 보고서의 방향성은 똑같습니다. 결론적으로 이 기업이 매출과 이익을 얼마나 많이 내서, 이 기업의 주가가 얼마나 올라갈 수 있는지에 대한 내용들입니다.

애널리스트 리포트를 볼 때 객관적인 수치화된 자료들과 애널리스트의 주관적인 의견은 내 투자기준에 맞춰 참고만 하고, 투자에 대한 모든 결정과 판단은 결국 나 스스로 해야 한다는 점을 명심해야 합니다.

한국 주식과 미국 주식의 세금 차이와 절세 팁

US STOCKS

한국 주식과 미국 주식의 세금이 어떻게 다른지와 절세 팁에 대해서 알아보겠습니다. 주식 투자를 통해서 얻을 수 있는 소득은 2가지가 있습니다. 주식의 시세차익을 통한 양도소득과, 배당금을 통한 배당소득이 있습니다. 양도소득으로 내는 세금을 양도소득세라고 합니다. 양도소득세는 한 해 동안 주식 매매를 통해 발생한 수익과 손실을 합산해서 계산합니다.

먼저 미국 주식의 양도소득세에 대해 알아보겠습니다. 미국은 주식을 매도할 때 양도세 20%와 지방소득세 2%가 합산되어 총 22%의 양도소득세가 부과됩니다. 단, 매매차익이 250만 원이 넘지 않으면 과세되지 않습니다. 예를 들어, 미국 주식으로 1,000만 원의 양도소득이 있었다면 250만 원을 차감한 750만 원에 대한 22%인 165만 원만 과세된다는 의미입니다.

국내 주식 VS 미국 주식 세금 비교

세금 유형	국내 주식	미국 주식
양도소득세	2023년부터 시행 예정 20%(매매차익 연 5,000만 원까지 비과세) 대주주 양도세(2020년 현 기준) 22~33%(지분율 1% 이상, 또는 10억 원 이상 소유 시)	22% (양도세 20% + 지방소득세 2%) 매매차익 연 250만 원까지 비과세
배당소득세	15.4%(배당소득세 14% + 지방세 1.4%)	15%
증권거래세	0.25%	
재세공과금		0.00221%
종합소득세	예금, 적금, 펀드에서 발생한 이자 포함 배당소득 2,000만 원 초과 시 종합소득에 합산 양도소득은 종합소득세에 포함 안 됨	예금, 적금, 펀드에서 발생한 이자 포함 배당소득 2,000만 원 초과 시 종합소득에 합산 양도소득은 종합소득세에 포함 안 됨

국내 주식의 양도소득세는 2020년 12월 현재 논란이 조금 있습니다. 먼저 2023년부터 국내 주식도 양도소득세가 시행된다고 합니다. 매매차익이 연 5,000만 원까지는 비과세이지만, 5,000만 원을 초과하면 초과분에 대한 20%를 양도소득세로 부과한다고 합니다. 한 기업에 대해서 10억 원, 또는 지분율 1% 이상의 주식을 소유하면 대주주로 분류되어 보유 금액이나 기간에 따라 22~33%의 양도소득세가 부과되고 있습니다.

다음으로 배당소득세에 대해 알아보겠습니다. 국내 주식의 경우는 배당소득세가 14%에 지방세가 1.4%입니다. 합산하면 15.4%를 배당소득세로 부과합니다. 반면에 미국 주식은 15%의 양도소득세가 원천징수로 차감되고 입금됩니다. 국내 주식의 경우에는 증권거래세가 별도로 있습니다. 거래금액의 0.25%를 증권거래세로 부과합니다. 미국 주식은 증권거래세는 별도로 있지 않고, 제세공과금 명목으로 0.00221%를 부과합니다.

종합소득세에 양도소득이나 배당소득이 합산되는지에 대한 문의가 많습니다. 양도소득은 종합소득에 포함되지 않고, 배당소득은 종합소득에 포함됩니다. 좀 더 정확히 표현하면 예금이나 적금, 펀드 등에서 발생한 이자소득과 배당소득까지 모두 포함한 금융소득이

종합소득세율표 / 근로소득세율표

과세표준	세율	누진공제
1,200만 원 이하	6%	
1,200만 원 초과~4,600만 원 이하	15%	108만 원
4,600만 원 초과~8,800만 원 이하	24%	522만 원
8,800만 원 초과~1억 5,000만 원 이하	35%	1,490만 원
1억 5,000만 원 초과~3억 원 이하	38%	1,940만 원
3억 원 초과~5억 원 이하	40%	2,540만 원
5억 원 초과	42%	3,540만 원

2,000만 원을 초과하면 초과분에 대해서 종합소득에 포함시켜 과세 대상이 됩니다. 이 부분은 국내 주식과 미국 주식이 동일하게 적용됩니다.

만약에 연봉 8,000만 원인 직장인이 배당소득을 포함한 금융소득이 연간 3,000만 원이었다고 가정하면, 금융소득 3,000만 원 중 2,000만 원을 차감한 1,000만 원이 종합소득에 포함되어 연봉 8,000만 원에 금융소득 1,000만 원이 합산된 총 9,000만 원으로 종합소득 신고를 해야 합니다. 그럼 이 종합소득세율표에서는 세율 구간이 35%로 올라가게 됩니다.

이어서 절세 팁을 알아보도록 하겠습니다. 먼저 미국 주식의 양도소득세에 대한 절세 팁을 알아보겠습니다. 양도소득세가 연간 250만 원을 최대한 넘지 않도록 조절하는 방법입니다.

예를 들어, 아마존 주식을 매도해서 양도차익이 1,000만 원이 났고, 보유한 보잉 주식에서 현재 800만 원 손실 중이라고 가정하겠습니다. 그런데 보잉 주식을 팔고 싶지는 않고 계속 보유하고 있으면 언젠가 오를 거라는 생각이 있습니다. 이런 경우 손실을 보고 있는 보잉 주식을 팔게 되면, 아마존으로 1,000만 원 수익에 보잉을 매도하면서 800만 원 손실이 차감되니 양도차액이 200만 원이 됩니다. 이후에 보잉 주식은 다시 매수해서 보유하면 됩니다.

여기서 한 가지 주의할 점이 있습니다. 미국 주식은 거래가 체결되고 실제로 결제가 되기까지 3~4일 정도 시간이 소요되기 때문에 이 시간까지 고려해서 매매를 해야 합니다. 예를 들어, 12월 29일에 매도를 했는데 실제 결제일이 그 다음해 1월 1일이라면 다음해 손실 거래로 넘어가게 됩니다. 그래서 좀 여유 있게 해가 바뀌기 1주일 이전에 거래를 체결하고 다시 보잉 종목을 매수하면 됩니다.

다음으로 배당소득과 같은 금융소득이 2,000만 원을 초과하여 종합소득세와 합산되어 과세되는 경우에 대한 절세 팁을 알아보겠습니다. 금융소득의 종합과세는 개인별로 적용되기 때문에 이 금융소득을 여러 사람에게 분산하면 절세가 가능합니다. 배우자나 자녀에게 분산하는 방법을 생각할 수 있습니다.

배우자의 경우는 10년간 6억 원, 성년 자녀의 경우 5,000만 원까지 증여세가 없습니다. 그렇기 때문에 나의 금융소득이 3,500만 원이라고 가정하면 2,000만 원을 초과하는 1,500만 원에 대해서는 배우자나 자녀에게 분산하여 세금을 절세할 수 있습니다. 그런데 만약 금융소득 외에 별도의 소득이 없다면 4,600만 원 이하까지는 세율이 15%이기 때문에 금융소득이 2,000만 원을 초과한다고 해도 굳이 분산시킬 필요는 없습니다. 본인의 근로소득이나 사업소득과 금융소득의 합산 금액이 얼마인지에 따라서 세율이 다르기 때문에 세율표를 보면서 계산을 잘해 보기 바랍니다.

부록

종목 스크리닝 방법

기업분석 체크리스트

실제 사례로 보는 유망 기업 발굴

01

US STOCKS

유망한 기업을 발굴하는 방법은 크게 2가지로 나눌 수 있습니다. 경제의 흐름과 앞으로 유망한 산업을 먼저 분석해 보고, 해당 산업과 관련이 있는 유망한 기업을 찾아보면서 해당 기업을 분석하고 투자하는 톱 다운 방식이 있고, 실적 대비 저평가된 기업을 먼저 찾아서 분석하고 해당 기업이 속한 사업의 전망을 분석한 후에 기업의 성장 전망을 분석하여 투자하는 보텀 업 방식이 있습니다.

4장에서 다룬 '4차 산업혁명의 유망한 기업을 발굴'하는 방법은 톱 다운 방식입니다. 그러면 보텀 업 방식은 실제로 어떻게 종목을 발굴할 수 있을까요? 제가 운영하는 유튜브 채널에서는 톱 다운 방식과 보텀 업 방식을 사용하여 종목을 발굴하고 투자하는 과정을 시청자들에게 공유하고 있는데, 실제 사례를 통해서 여러분이 직접 보텀 업 방식으로 종목을 발굴해 볼 수 있도록 설명하겠습니다.

위의 섬네일 이미지는 보텀 업 방식으로 종목을 발굴하여 그중 2 개 기업에 투자하였고, 그중 1개 기업이 투자한 지 2개월이 안 되는 기간에 90%가 넘는 수익률을 냈던 사례입니다. 물론 이렇게 단기간 에 높은 수익률을 내는 것은 어느 정도 운이 따랐을 수도 있습니다. 하지만 보텀 업 방식을 통하여 실적 대비 저평가된 기업을 발굴하고 분석해 나가는 과정을 통하여 투자에서 가장 중요한 '잃지 않는 투 자', '리스크가 적은 투자'를 할 수 있다는 장점이 있습니다.

보텀 업 방식으로 발굴한 기업의 주가 변화

위의 그래프는 보텀 업 방식으로 발굴한 기업의 주가 변화입니다. 빨간색 화살표가 가리키는 지점을 전후로 해당 기업의 주식을 매수하기 시작했습니다. 물론 단기간에 수익을 냈다고 해서 좋아할 필요는 없습니다. 주가는 언제든지 오르내릴 수 있기 때문입니다. 저는 투자할 기업을 발굴할 때 투자하고 최소 3년 이상 주식을 보유할 기업을 찾습니다.

보텀 업 방식의 종목 스크리닝은 옆 페이지 상단의 표에서 볼 수 있듯이 4가지 조건을 지정하여 기업을 검색하였고, 위의 조건에 맞는 기업 17개 중에서 좀 더 깊이 있게 분석하는 과정을 통하여 최종 2개 기업을 선정하여 투자했습니다. 그러면 지금부터 여러분이 직접 보텀 업 방식으로 종목 스크리닝해 볼 수 있도록 자세하게 설명하겠습니다.

보텀 업 방식의 종목 스크리닝

종목 선정 기준을 어떻게 잡을까?

1 PEG Ratio(Price Earnings to Growth ratio) < 1

2 영업이익율 20% 이상

3 최근 5년간 매출 성장률 15% 이상

4 내년 EPS 성장률이 Positive

무료로 스크리닝할 수 있는 Finviz

　여러 사이트에서 종목 스크리닝을 제공하지만, 가장 검색 조건을 많이 제공하는 Finviz라는 사이트(https://finviz.com)를 소개하겠습니다. 무엇보다 좋은 점은 스크리닝 기능이 무료라는 것입니다. 상단의 메뉴에서 빨간색 화살표로 표기한 Screener를 클릭합니다.

종목 스크리닝을 위한 검색 조건 지정 화면

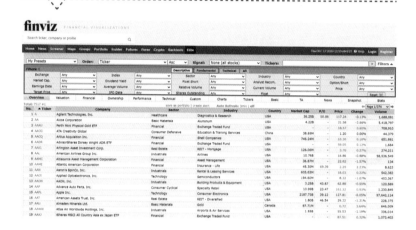

위의 그림에서 보는 것처럼 종목 스크리닝을 위한 검색 조건을 지정할 수 있습니다. 여기에서는 작은 빨간색 상자 안에 있는 Descriptive와 Fundamental에 대한 부분만 설명하도록 하겠습니다. 주식을 단기간에 사고파는 트레이딩을 하는 경우, Technical 메뉴를 사용해 검색 조건을 지정할 수도 있습니다. 하지만 전업 투자자가 아닌, 본업이 따로 있는 일반 주식 투자자는 주식 트레이딩을 하는 것이 아닌 장기투자를 해야 하기 때문입니다.

옆 페이지의 표는 Descriptive의 검색 조건에 대한 설명입니다.

Descriptive의 검색 조건

검색 조건	설 명
Exchange	AMEX, NASDAQ, NYSE 선택
Index	S&P500, DJIA 선택
Sector	Technology, Financial, Healthcare 등 11개 섹터 선택
Industry	Sector 내에 속해 있는 산업군을 선택할 수 있음
Country	미국에 상장된 기업의 해당 국가를 선택
Market Cap	시가총액 규모를 선택할 수 있음
Dividend Yield	배당금을 지급하는 기업과 배당률(Over 1~10%) 선택
Float Short	현재 거래되는 주식 중에서 공매도 거래 비율을 지정하여 검색
Analyst Recom	애널리스트의 Buy & Sell 의견 등을 지정하여 검색할 수 있음
Option/Short	옵션이나 공매도가 가능한 종목을 지정하여 검색할 수 있음
Earnings Date	실적 발표일을 지정할 수 있음(오늘, 내일, 이번 주, 지난주 등)
Average Volume	일정 기간(보통 3개월)의 평균 주식 거래량
Relative Volume	가장 최근 거래량과 직전 3개월 평균 거래량의 차이를 비교
Current Volume	당일 거래량을 지정하여 검색할 수 있음
Price	주가를 지정하여 검색할 수 있음
Target Price	애널리스트가 예상한 Target Price를 검색할 수 있음
IPO Date	상장일을 지정할 수 있음(어제, 지난주, 지난달, 지난 분기 등)
Shares Outstanding	총발행주식수
Float	시장에서 유통되는 주식수

Finviz 사이트에서 위의 표에서 설명한 항목의 값을 직접 변경해 보면서 사이트의 인터페이스를 익혀 보세요.

Fundamental의 검색 조건 지정 화면

위의 그림은 Fundamental의 검색 조건 지정 화면입니다. 기업의 Valuation에 대한 투자지표나 과거 및 향후 EPS 및 매출 성장성 및 재무 안정성 지표에 대한 조건을 지정할 수 있습니다.

옆 페이지의 표는 Fundamental의 검색 조건에 대한 설명입니다.

Fundamental의 검색 조건

검색 조건	설 명
P/E	PER(TTM), 과거 12개월의 순이익 대비 시가총액이 몇 배인가?
Forward P/E	PER(FWD), 향후 12개월 예상 순이익 대비 시가총액이 몇 배인가?
PEG	PEG(TTM), 주가 수익 성장 비율
P/S	PSR(TTM), 과거 12개월의 매출 대비 시가총액이 몇 배인가?
P/B	PBR(TTM), 기업의 자기자본 대비 시가총액이 몇 배인가?
Price/Cash	PCR(TTM), 영업활동 현금흐름 대비 시가총액이 몇 배인가?
Price/Free Cash Flow	잉여 현금흐름 대비 시가총액이 몇 배인가?
EPS growth this year	이번 연도 EPS(주당순이익) 성장률
EPS growth next year	다음 연도 EPS(주당순이익) 성장률
EPS growth past 5 years	과거 5년 평균 EPS(주당순이익) 성장률
EPS growth next 5 years	향후 5년 평균 EPS(주당순이익) 성장률
Sales growth past 5 years	과거 5년 평균 매출 성장률
EPS growth qtr over qtr	분기별 EPS(주당순이익) 성장률
Sales growth qtr over qtr	분기별 매출 성장률
Return on Assets	ROA(TTM), 총자산 이익률
Return on Equity	ROE(TTM), 자기자본 이익률
Return on Investment	ROI(TTM), 투자자본 이익률
Current Ratio	유동비율(유동자산/유동부채)
Quick Ratio	당좌비율(당좌자산/유동부채)
LT Debt/Equity	장기부채비율
Debt/Equity	부채비율
Gross Margin	매출이익률
Operating Margin	영업이익률
Net Profit Margin	순이익률
Payout Ratio	배당성향(순이익에서 몇 %를 배당금으로 주는가?)
Insider Ownership	회사의 경영진이 소유하는 주식의 비율
Insider Transactions	회사의 경영진이 매수하거나 매도한 주식의 비율
Institutional Ownership	기관투자자의 주식 보유 비율
Institutional Transactions	기관투자자가 매수하거나 매도한 주식의 비율

항목이 많아서 주식에 갓 입문한 초급자는 헷갈릴 수도 있습니다. 하지만 이 책에서 배운 투자지표만으로도 기업 검색을 하는 데 큰 무리는 없을 것입니다. 그러면 이 책에서 배운 내용들만 가지고 종목 스크리닝을 해 보겠습니다.

과거 매출이나 순이익 성장률도 좋고 향후 매출이나 순이익 예상 성장률도 좋은데, 주가가 저평가된 종목을 스크리닝해 보겠습니다. 검색 조건은 다음과 같습니다.

위의 5가지 검색 조건을 지정하여 다음과 같은 종목 스크리닝 결과가 나왔습니다.

종목 스크리닝 결과

No.	Ticker	Company	Sector	Industry	Country	Market Cap	P/E	Price	Change	Volume
1	COOP	Mr. Cooper Group Inc.	Financial	Mortgage Finance	USA	2.72B	5.00	29.70	3.23%	983,887
2	HZNP	Horizon Therapeutics Public Limited Company	Healthcare	Drug Manufacturers - General	Ireland	16.47B	20.94	76.69	-0.53%	1,782,828
3	INVA	Innoviva, Inc.	Healthcare	Biotechnology	USA	1.24B	6.25	12.11	2.58%	1,568,363
4	NXST	Nexstar Media Group, Inc.	Communication Services	Broadcasting	USA	4.76B	8.83	104.70	-0.94%	328,606
5	PFSI	PennyMac Financial Services, Inc.	Financial	Mortgage Finance	USA	4.61B	3.76	63.94	2.65%	728,721
6	PJT	PJT Partners Inc.	Financial	Capital Markets	USA	2.76B	22.08	77.17	0.52%	202,629
7	SLM	SLM Corporation	Financial	Credit Services	USA	4.47B	8.68	12.20	-0.57%	2,299,042
8	SUPN	Supernus Pharmaceuticals, Inc.	Healthcare	Drug Manufacturers - Specialty & Generic	USA	1.15B	8.97	21.61	-0.51%	541,460

위의 그림과 같이 조건에 맞는 총 8개의 기업이 검색되었습니다. 이제 각 기업별로 좀 더 깊이 있는 분석을 하면서 투자 여부를 결정해야 합니다.

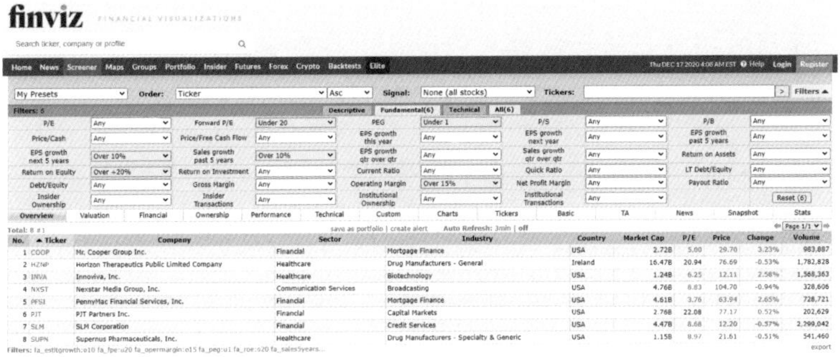

1. 해당 기업이 어떤 비즈니스를 하고 있는가?
2. 차별화된 기술력이나 서비스가 있는가?
3. 경영진은 투명한 경영을 하고 있으며, 경영 능력이 우수한가?
4. 해당 기업이 속해 있는 산업의 성장성은 좋은가?
5. 해당 기업의 경쟁자는 누구이며, 뛰어난 차별점이 있는가?
6. 해당 산업에서 기업의 시장점유율은 얼마나 되는가?
7. 현금 창출 능력 및 재무 안정성이 좋은가?
8. 투자를 결정했다면 투자이유, 목표 투자기간, 목표 기업가치를 어떻게 볼 것인가?

이런 식으로 투자의 기준을 잡고 내가 정한 투자기준에 맞는지를 분석해 보고 투자 여부를 결정해야 합니다. 종목 스크리닝을 위해 수많은 검색 조건이 있을 수 있습니다. 개인의 투자성향에 따라 주가 변동성이 작고 배당률이 높은 안정적인 기업을 선호할 수도 있고, 주가 변동성이 좀 크더라도 앞으로의 높은 성장성이 기대되는 기업을 선호할 수도 있습니다. 개인의 투자기준과 투자성향에 맞는 종목을 스크리닝하면서 나만의 투자원칙과 기준을 만들어 보기 바랍니다.

이런 연습을 하다 보면, 남에게서 귀동냥으로 들은 정보로만 투자하는 것이 아닌, 내가 스스로 기업을 발굴하고 주가가 싼지 비싼지, 그리고 얼마나 오를 수 있을지를 분석해서 제대로 투자하는 습관을 들일 수 있습니다. 유망한 기업을 분석하고 제대로 투자해서 그 기업의 성과와 이익, 비전을 공유할 수 있습니다. 눈앞의 이익만 쫓는 게 아닌, 건강한 투자자가 될 수 있습니다.

어떤 기업의 주식을 사기 전에 꼭 확인해야 할 사항들에 대해서 알아보고, 어떻게 확인하는지에 대해서 자세히 알려 드리고자 합니다. "주식 투자 공부가 어려워서 못하겠다.", "막상 공부를 하려고 해도 뭐부터 해야 할지 모르겠다.", "기업을 분석하는 것은 전문가들이나 하는 것이다."라고 생각해서 주식 투자 공부를 안 해 봤다고 하더라도, 주식 투자할 때 이것만은 꼭 체크해 보세요. 이 정도도 하지 않고 주식 투자로 돈 벌려고 하는 것은 주식을 투기로 하는 것입니다.

그동안 유튜브 채널을 운영하며 구독자들과 소통하면서 가장 많이 느꼈던 점에 대해 이야기해 보겠습니다.

1. 주가가 폭등하는 종목들에 대한 분석 요청이 많다.
2. 반대로 주가가 잠잠한 종목은 관심이 없다.
3. 주가가 폭등하는 종목은 그만한 이유가 있을 거라 생각한다.

4. 주가가 잠잠한 종목도 오르지 않는 이유가 있을 거라 생각한다.
5. 주가가 폭등한 종목을 보면서 더 늦기 전에 들어가야 한다는 생각을 한다.

물론 주가가 오르는 종목에 관심이 가는 것은 당연합니다. 주식시장에는 수천 개의 기업이 상장되어 있고, 일반 투자자가 얻을 수 있는 정보는 한정적이라고 생각하기 때문에 주가가 오른 종목에 관심을 갖습니다. 그런데 여기서 한 가지 중요한 점이 있습니다. 어떤 종목이건 간에 투자하기 전에 그 기업의 가치평가를 '나만의 투자원칙'을 가지고 할 줄 알아야 한다는 것입니다.

전문가들도 어떤 기업에 대한 평가가 다양합니다. 특정 종목에 대해서 어떤 전문가는 비싸다는 의견을 내고, 또 다른 전문가는 더 오를 수 있다고 이야기합니다. 전문가들도 이렇게 자신의 견해에 따라 다양한 의견을 냅니다. 이런 상황에서 나만의 투자원칙과 투자기준 없이 투자를 한다면 남이 얘기하는 정보들을 귀동냥으로 듣고 투자하는 것입니다.

"주가가 비싼 기업은 다 그럴 만한 이유가 있지 않을까요?"라는 생각을 하는 사람이 많습니다. 그런데 '주가가 폭등해서 비싼 기업은 그럴 만한 이유가 있으니 사 두면 오르겠지.'라는 생각으로 주식을 사는 것은 제대로 된 주식 투자가 아니라 감으로 하는 것입니다. 주가가 오를 만한 이유가 무엇인지, 그 이유를 스스로 납득할 수 있어야 합니다. 무엇보다 중요한 것은 그럴 만한 이유가 결과적으로 그 기업의 미래 실적에 얼마나 반영이 될 것인가 하는 것입니다. 대부분의 주식 투자자는 이 부분을 거의 생각하지 않고 주식을 삽니다.

아파트를 사는 경우에도 주변 시세는 어떤지, 비싸게 사는 것은 아닌지 고민해 보는 것처럼 주식 투자도 유망하다는 것을 안다 하더라도 비싸게 사는 것은 아닌지를 따져 봐야 합니다. 그런데 대부분의 사람이 주가가 싼지 비싼지를 판단하는 것을 어려워합니다. 부동산은 비교해 볼 대상이 명확하지만 기업은 비교할 대상을 찾기가 쉽지 않기 때문입니다.

주식 가치 판단에 대한 설명을 하기에 앞서 주식 투자로 돈을 잃는 유형의 투자 패턴에 대해 알아보겠습니다.

1. 여기저기서 정보를 얻지만 주가가 오른 대부분의 종목이 뉴스에도 많이 나오고 사람들 입에도 많이 오르내린다.
2. 나름대로 정보를 찾아보니 유망한 기업이라는 판단이 든다.
3. 주가가 오르긴 했지만, 더 오를 것이라는 기대감을 갖고 주식을 산다.
4. 생각과 다르게 주가가 하락하면 불안해하며, 지금이라도 팔아야 하는 게 아닌지 생각한다.
5. 어느 정도 하락하다가 반등할 것을 기대했지만 점점 더 하락하게 되어 결국 손절한다.

보통은 이런 패턴을 거치면서 주식 투자로 원금 손실을 경험하게 됩니다. 주식 투자로 돈을 벌기 위해서는 유망한 기업에 투자해야 합니다. 단, 유망한 기업의 주식을 싸게 사서 비싸게 팔아야 합니다. 기업의 주식을 싸게 사서 비싸게 팔아야 수익이 나는 것은 주식 투자의 기본입니다. 하지만 대부분의 일반 투자자는 주가가 많이 오른 기업의 주식을 비싸게 사서 더 비싼 가격이 되길 기다립니다. 물론 비싼 주식이 더 비싼 가격으로 오르는 경우도 있습니다. 하지만 나만의 투자기준으로 기업의 가치평가를 하지 않고 투자한다면 이것은 투자가 아니고 투기이고 베팅입니다.

그래서 이런 막연함을 정량화하여 판단하도록 체크리스트들을 만들어 점수를 매겨서 나만의 투자기준을 잡고 잃지 않는 투자를 하는 것이 중요합니다. 잃지 않아야 돈을 벌 기회도 생기기 때문입니다. 지금부터 주식 초보라도 이것만은 꼭 확인해 보고 투자할 수 있도록 체크리스트를 사용하는 방법에 대해 설명하겠습니다.

이 체크리스트들이 정답은 아닙니다. 개인의 투자성향에 따라 체크리스트는 얼마든지 바뀔 수 있습니다. 기업에 투자를 하기 전에 체크리스트로 점수를 매겨 보는 과정을 통해 나만의 투자기준을 만들고 냉철한 시각으로 기업분석능력을 키울 수 있기를 바랍니다.

이 체크리스트들은 제가 진행하는 클래스101 온라인 강의에서 직접 기업분석을 하면서 점수를 매겨 보는 실습을 할 때 사용하는 것입니다. 동영상 강의처럼 자세하게 해 보는 것은 한계가 있으나, 주식 입문자도 체크리스트의 점수를 매겨 볼 수 있도록 차근차근 설명해 드리겠습니다.

BM(Business Model) 체크리스트

비즈니스 모델(정성적 평가)	점수	비고
1. 해당 산업에서 몇 위 기업 인가?	9	해당 산업 1위 기업, 혹은 1위가 될 수 있는 기업인가?
2. 독점적인 제품이나 기술 혹은 서비스가 있는가?	8	독점적인 제품이나 서비스는 향후 성장성의 원동력이다.
3. 향후 몇 년간 매출이 늘어날 잠재력이 있는가?	9	매출 및 이익의 성장이 곧 주가의 상승이다.
4. 해당 산업의 시장규모는 계속 커지고 있는가?	10	시장규모가 커지면 해당 산업의 기업도 성장 확률이 높다.
5. 경쟁이 치열한가?	7	유망한 산업이어도 경쟁이 치열하다면 투자 시 감안해야 한다.
합산 점수	**43**	

1~5번까지의 항목은 참고용이지 절대적인 기준은 아닙니다. 얼마든지 평가항목이 더 추가될 수 있습니다. Business Model 체크리스트의 취지는 기업의 미래에 대한 성장 전망을 분석하는 것입니다. 결국 주가는 과거보다 미래의 기대감을 반영하고 있기 때문에 해당 기업이 앞으로 얼마나 더 큰 성장을 할 수 있을지를 각 항목별로 점수 매겨 보는 것입니다.

참고자료는 애널리스트 리포트입니다. '8장 그 밖에 알아 두면 좋은 팁'의 '증권사 리포트 보는 방법'에서 알려 드린 방법으로 해당 기업의 분석 리포트를 보거나, 관련 뉴스 기사 등을 보면서 남의 기준이 아닌 내 기준으로 점수를 매겨 보는 것입니다.

3번 항목 '향후 몇 년간 매출이 늘어날 잠재력이 있는가?'에 대해서는 다음 그림과 같이 애널리스트들이 예상하는 기업의 향후 실적에 대한 컨센서스(Consensus)를 참고하는 것도 한 방법입니다. Seeking Alpha 사이트를 기준으로 설명해 드리겠습니다.

아래 그림은 미국의 드럭스토어 체인 기업인 CVS에 대한 페이지입니다. 상단 메뉴에서 빨간 박스에 표기된 Earnings를 클릭하고 Earning Estimates를 클릭하면 해당 기업의 향후 실적에 대한 애널리스트들의 컨센서스를 볼 수 있습니다. 컨센서스란 시장 전문가들에 의해 분석된 향후 예상 실적이나 목표 주가, 매매 입장(Buy/Hold/Sell) 등을 포함한 투자 정보를 의미합니다.

애널리스트의 컨센서스

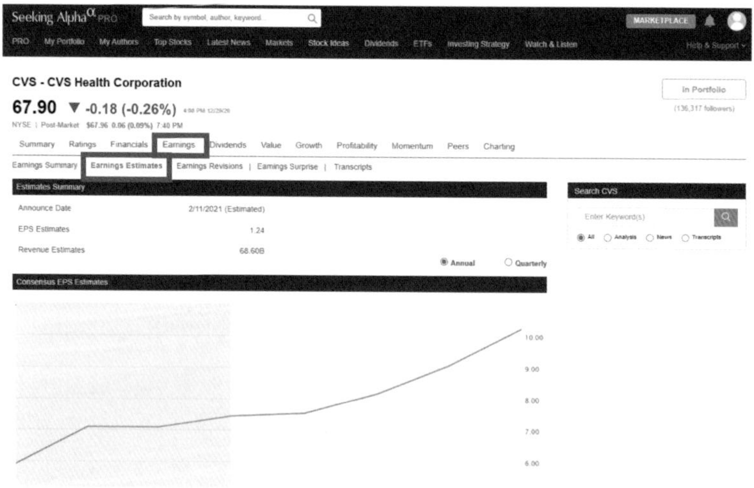

예상 EPS에 대한 애널리스트의 컨센서스

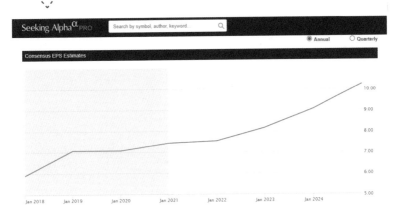

Fiscal Period Ending	EPS Estimate	YoY Growth	Forward PE	Low	High	# of Analysts
Dec 2020	7.43	4.96%	9.14	7.31	7.50	25
Dec 2021	7.53	1.33%	9.02	7.31	7.66	28
Dec 2022	8.16	8.31%	8.33	7.56	8.40	20
Dec 2023	9.06	11.10%	7.49	8.27	9.56	4
Dec 2024	10.23	12.90%	6.64	10.11	10.35	2

위의 그림과 같이 향후 예상 EPS에 대한 애널리스트의 컨센서스를 확인할 수 있습니다. 상장 초기의 기업이거나 시가총액 규모가 작은 기업의 경우에는 애널리스트의 컨센서스 정보가 없을 수도 있습니다.

예상 매출에 대한 컨센서스

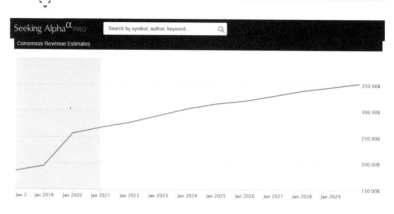

Fiscal Period Ending	Revenue Estimate	YoY Growth	FWD Price/Sales	Low	High	# of Analysts
Dec 2020	267.88B	4.32%	0.33	266.35B	270.29B	23
Dec 2021	277.72B	3.67%	0.32	270.18B	287.41B	22
Dec 2022	290.60B	4.64%	0.31	282.85B	306.60B	19
Dec 2023	304.03B	4.62%	0.29	297.74B	316.69B	4
Dec 2024	313.30B	3.05%	0.28	309.65B	315.74B	3
Dec 2025	318.94B	1.80%	0.28	318.94B	318.94B	1

　　화면을 좀 더 아래로 내려 보면 위의 그림과 같이 향후 예상 매출에 대한 컨센서스 정보도 확인할 수 있습니다. 오른쪽에 몇 명의 애널리스트가 의견을 냈는지도 확인할 수 있습니다. 규모가 작은 기업의 경우 의견을 낸 애널리스트의 수가 1~2명에 불과할 수도 있습니다. 이렇게 기업에 대해 공부하고 분석할 때 애널리스트 컨센서스를 참고하면 도움이 될 수 있습니다. 하지만 컨센서스 정보를 맹신하는

것은 바람직하지 않습니다. 컨센서스 정보는 다수 애널리스트의 평균적인 의견으로 가장 사실에 근접한 의견이 희석될 수 있기 때문입니다.

가치평가 체크리스트

가치평가	점수	비고
1. 주가수익배수(배) PER	7	산업평균, 경쟁사와 비교. 단, 기업의 미래 기대치에 변화가 커질 수 있음
2. 주가매출액배수(배) PSR	9	산업평균, 경쟁사와 비교. 단, 기업의 미래 기대치에 변화가 커질 수 있음
3. 주가순자산배수(배) PBR	9	산업평균, 경쟁사와 비교. 단, 기업의 미래 기대치에 변화가 커질 수 있음
4. 주가수익성장비율(배) PEG Ratio	7	과거 3~5년 순이익 증가율 및 향후 예상 순이익 증가율을 고려해서 판단
5. 배당수익률	5	배당주 투자를 선호하는 경우, 배당률 및 배당성장성 지수를 고려해서 판단
합산 점수	37	

가치평가 체크리스트에 대해서도 내 기준으로 점수를 매겨 보는 과정이 중요합니다. 기업의 주가에 대해서는 전문가들의 의견이 많이 다를 수 있습니다. 보수적인 관점에서 보는 경우는 주가가 비싸다는 의견을 낼 수도 있고, 좀 더 긍정적인 관점에서 보는 경우는 상승 여력이 더 있다고 볼 수도 있기 때문에 내 관점에서 이 기업의 주가가 비싼지 싼지를 판단할 수 있는 투자기준이 필요합니다.

기업의 Valuation에 대한 정보

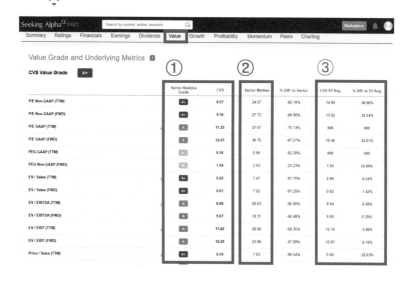

Seeking Alpha 사이트를 기준으로 Value 메뉴를 클릭하면 위의 그림과 같이 여러 가지 투자지표를 통해 해당 기업의 Valuation에 대한 정보를 볼 수 있습니다. ①은 해당 기업의 현재 주가를 기준으로 한 Valuation이고, ②는 해당 기업이 속한 Sector Median 값입니다. ③은 해당 기업의 최근 5년간 평균 수치를 의미합니다. 이렇게 해당 기업의 현재 주가를 기준으로 한 Valuation이 Sector Median 값과 비교해 보았을 때 어떤지, 그리고 해당 기업의 최근 5년 평균 수치와 비교해 봤을 때 어떤지를 보면서 해당 기업의 현재 Valuation에 대해 생각해 볼 수 있습니다.

동일 Sector, 동일 Industry에 속한 기업 비교

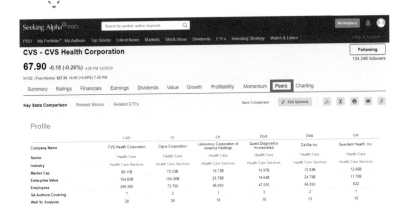

Valuation에 대해 동일 Sector, 동일 Industry에 속한 기업들과 비교를 통해 판단할 수도 있습니다. Seeking Alpha 사이트 기준으로 위의 그림에서 Peers 메뉴를 클릭하면 해당 기업과 동일 Sector/Industry에 있는 기업을 볼 수 있습니다. 이 페이지에서도 다양한 투자지표를 볼 수 있습니다.

Seeking Alpha PRO

PRO My Portfolio My Authors Top Stocks Latest News Markets Stock Ideas Dividends ETFs Investing Strategy Watch & Listen Help & Support

Dividend Grades

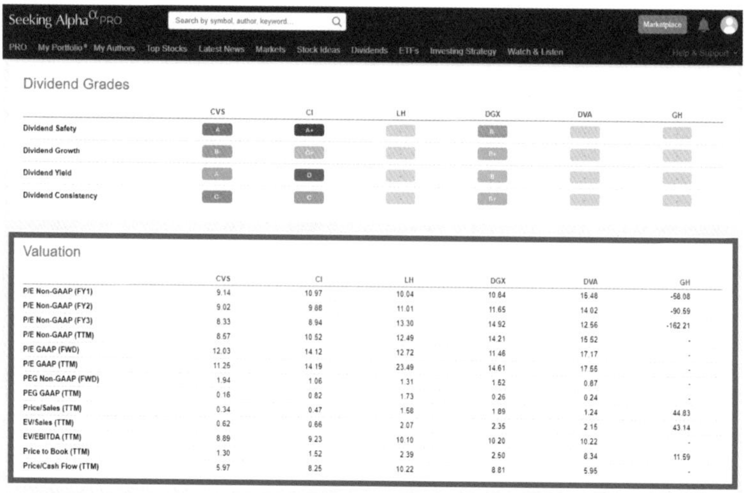

	CVS	CI	LH	DGX	DVA	GH
Dividend Safety	A	A+		B		
Dividend Growth	B	C+		B+		
Dividend Yield	A	D		B		
Dividend Consistency	C	C		B+		

Valuation

	CVS	CI	LH	DGX	DVA	GH
P/E Non-GAAP (FY1)	9.14	10.97	10.04	10.84	15.48	-58.08
P/E Non-GAAP (FY2)	9.02	9.88	11.01	11.65	14.02	-90.59
P/E Non-GAAP (FY3)	8.33	8.94	13.30	14.92	12.56	-162.21
P/E Non-GAAP (TTM)	8.67	10.52	12.49	14.21	15.52	-
P/E GAAP (FWD)	12.03	14.12	12.72	11.46	17.17	-
P/E GAAP (TTM)	11.25	14.19	23.49	14.61	17.55	-
PEG Non-GAAP (FWD)	1.94	1.06	1.31	1.52	0.87	-
PEG GAAP (TTM)	0.16	0.82	1.73	0.26	0.24	-
Price/Sales (TTM)	0.34	0.47	1.58	1.89	1.24	44.83
EV/Sales (TTM)	0.62	0.66	2.07	2.36	2.15	43.14
EV/EBITDA (TTM)	8.89	9.23	10.10	10.20	10.22	-
Price to Book (TTM)	1.30	1.52	2.39	2.50	8.34	11.59
Price/Cash Flow (TTM)	5.97	8.25	10.22	8.81	5.95	-

Peers 메뉴 화면에서 화면을 스크롤하면 위의 그림과 같이 Valuation 부분을 볼 수 있습니다. 해당 기업과 동일 Sector/Industry 의 다른 기업들과 Valuation을 비교해 보면서도 판단할 수 있습니다. 물론 동일 Sector/Industry라고 해도 기업마다 세부적인 비즈니스 의 형태가 다를 수 있기 때문에 단순히 수치만 보고 맹신해서 판단할 수는 없습니다. 이렇게 다양한 방법을 통해 기업을 공부하고 판단해 나가면서 투자해야 실수하지 않고 나만의 투자기준을 잡을 수 있습니다.

재무제표 체크리스트

손익계산서	점수	비고
1. 매출이 성장하고 있는가?	10	매출 성장률에 따른 점수 표기
2. 이익을 내고 있는가? (순이익이 흑자인가?)	5	순이익이 적자인지, 적자라면 흑자전환이 언제 가능할지 판단해 보기
3. 매출 규모가 동종 업계 대비 좋은가?	10	매출 규모를 타기업과 비교해 보고 점수 표기
4. 영업이익률 혹은 순이익률이 동종 업계 대비 좋은가?	5	영업이익률 혹은 순이익률을 업계 평균 및 타기업과 비교해 보고 점수 표기
5. 판관비 비용은 적절한가?	4	판관비 비율을 동종 업계 타기업과 비교해 보고 점수 표기
6. R&D 비용은 적절한가?	7	R&D 비율을 동종 업계 타기업과 비교해 보고 점수 표기
합산 점수	**41**	

재무상태표	점수	비고
1. 부채비율은 적절한가?	9	부채비율은 적으면 적을수록 좋고 400%가 넘으면 투자 유의
2. 유동비율이 좋은가?	10	유동비율은 100% 이상이 좋음
3. 당좌비율이 좋은가?	10	당좌비율은 100% 이상이 좋음
4. 매출채권과 매입채무는 적절한가?	8	매출채권이 갑자기 과다하게 많아지면 매출 조작 및 자금회수 문제 의심
합산 점수	**37**	

현금흐름표	점수	비고
1. 당기순이익과 영업활동 현금흐름 비교	10	금액 차이가 심하면 매출→채권회수 문제 의심
2. 잉여 현금흐름의 추이는?	6	충분한 현금을 보유하고 있어야 안정적
3. 영업+, 투자-, 재무-		영업활동으로 번 돈을 투자도 많이 하고 부채도 갚는다는 의미
4. 영업+, 투자-, 재무+	9	영업활동과 차입금으로 투자를 많이 한다는 의미
5. 영업+, 투자+, 재무-		영업활동과 투자 회수를 통해 부채를 상환한다는 의미
합산 점수	**25**	

| **총점** | **79.6** | |

마지막으로 기업의 재무제표를 보면서 기업이 과거로부터 지금까지 어떻게 왔는지 확인해 보면서 기업의 매출 성장성, 수익성, 재무 안정성 등을 평가해 보세요.

Financials 메뉴의 Income Statement(손익계산서)

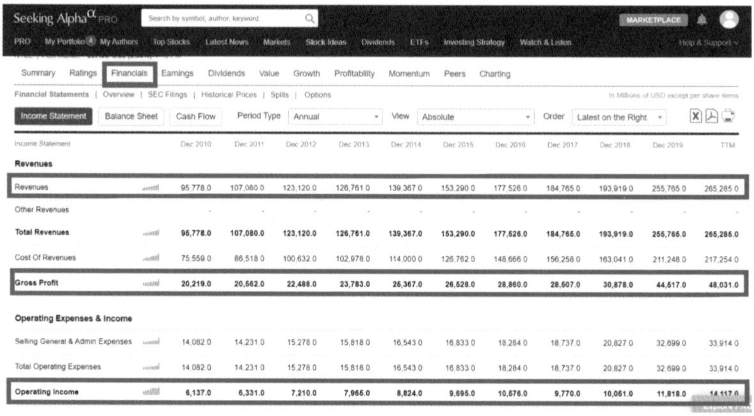

Income Statement	Dec 2010	Dec 2011	Dec 2012	Dec 2013	Dec 2014	Dec 2015	Dec 2016	Dec 2017	Dec 2018	Dec 2019	TTM
Revenues											
Revenues	95,778.0	107,080.0	123,120.0	126,761.0	139,367.0	153,290.0	177,526.0	184,765.0	193,919.0	255,765.0	265,285.0
Other Revenues	-	-	-	-	-	-	-	-	-	-	-
Total Revenues	**96,778.0**	**107,080.0**	**123,120.0**	**126,761.0**	**139,367.0**	**153,290.0**	**177,526.0**	**184,765.0**	**193,919.0**	**255,765.0**	**265,285.0**
Cost Of Revenues	75,559.0	86,518.0	100,632.0	102,978.0	114,000.0	126,762.0	148,666.0	156,258.0	163,041.0	211,248.0	217,254.0
Gross Profit	**20,219.0**	**20,562.0**	**22,488.0**	**23,783.0**	**25,367.0**	**26,528.0**	**28,860.0**	**28,507.0**	**30,878.0**	**44,517.0**	**48,031.0**
Operating Expenses & Income											
Selling General & Admin Expenses	14,082.0	14,231.0	15,278.0	15,818.0	16,543.0	16,833.0	18,284.0	18,737.0	20,827.0	32,699.0	33,914.0
Total Operating Expenses	14,082.0	14,231.0	15,278.0	15,818.0	16,543.0	16,833.0	18,284.0	18,737.0	20,827.0	32,699.0	33,914.0
Operating Income	**6,137.0**	**6,331.0**	**7,210.0**	**7,965.0**	**8,824.0**	**9,695.0**	**10,576.0**	**9,770.0**	**10,061.0**	**11,818.0**	**14,117.0**

Financials 메뉴를 클릭하면 Income Statement(손익계산서), Balance Sheet(재무상태표), Cash Flow(현금흐름표)를 볼 수 있습니다. 위의 그림은 Income Statement입니다. 빨간색 박스의 Revenues(매출), Gross Profit(매출이익), Operation Income(영업이익) 등을 보면서 매출이 성장하고 있는지, Gross Profit, Operation Income 등의 수익성이 좋은지를 확인해 봅니다. 일반 투자자들은 회사의 내부 자료까지는 볼 수 없기 때문에, 이렇게 공개된 자료들을 보고 동종 기업

과 비교해 보는 과정을 통해서 해당 기업이 경영을 잘하고 있는지를 판단해 보는 것입니다.

이렇게 체크리스트를 확인하는 것이 처음에는 어려울 수 있지만 이런 식으로 기업을 분석하는 과정을 반복하다 보면 나만의 투자기준과 루틴이 생기게 됩니다. 그렇게 되면 기업에 투자할 때 판단 착오나 실수를 줄이고, 잃지 않는 투자를 할 수 있습니다.

미주부 SNS 채널 및 온라인 강의 정보

미국주식으로 부자되기
미국 주식 투자를 위한 미국 기업 분석 및 정보 공유를 위한 유튜브 채널

미주부의 사업이야기
-훈대표
창업과 관련한 정보 제공 유튜브 채널

클래스101 미국주식 온라인 클래스
- 초보를 위한 미국주식 기초 클래스
- 종목 발굴, 투자지표 및 재무제표 분석

미주부 블로그
창업, 재테크, 주식, 일상 등 자유로운 이야기

미주부 네이버 인플루언서
경제/재테크 분야 인플루언서

미주부 카카오 채널
미주부 이벤트 진행 시, 카카오 채널을 통해 진행

　제 유튜브 채널이나 이 책을 보는 분들은 모두 돈을 벌고 싶다는 생각을 가지고 있을 것입니다. 그래서 이 책을 마치며 주식 투자로 돈을 벌고자 할 때 꼭 알아야 할 것에 대해서 이야기해 보려고 합니다. 우리는 주식 투자를 왜 할까요? "당연히 돈 벌려고 하는 거지."라고 생각하겠지요. 그렇다면 왜 돈을 벌려고 할까요? 여러분은 돈을 벌어서 무엇을 하려고 하나요? 좋은 차 사려고? 돈 걱정 안 하고 잘먹고 잘 살고 싶어서?

　제 이야기를 해 보겠습니다. 저는 회사를 그만두고, 2004년 11월 서른 살에 처음 사업을 시작했습니다. 창업한 이유는 남들과 별 다를게 없었습니다. 회사생활에서 답이 안 보여서, 돈을 더 많이 벌고 싶어서, '나도 돈 많이 벌어서 건물주가 되고 싶다.'는 이유로 창업을 했습니다. 그런데 창업해서 10년 동안 돈을 벌기 위해 돈만 생각하고 돈을 좇았는데 돈은 저에게 오지 않았습니다.

돈을 버는 방법은 여러 가지가 있습니다. 회사에서 일하면서 돈을 버는 근로소득이 있고, 사업을 해서 돈을 버는 사업소득, 그리고 주식이나 부동산 투자와 같은 자본을 이용해 돈을 버는 방법이 있습니다. "왜 돈을 벌려고 할까요?"라는 질문에 대한 대답이 "좋은 차 사고 싶어서요.", "하고 싶은 것 마음대로 하고 싶어서요.", "돈 걱정 안 하고 잘 먹고 잘 살고 싶어서요."와 같은 이유라면 딱 그만큼만 돈을 벌게 됩니다. 잘 먹고 잘 살 수 있을 만큼만 돈을 번다는 것입니다. 잘 먹고 잘 살려면 한 달에 얼마 정도 벌면 될까요? 한 달에 1,000만 원 정도 벌면 잘 먹고 잘 살 수 있을까요?

"주식 투자를 하는 데 돈을 버는 이유까지 알아야 해?"라고 생각할 수도 있지만 부자가 되고 싶다면 이 문제에 대해 진지하게 고민해 봐야 합니다. 돈을 많이 벌고 싶다면 돈을 버는 철학이 있어야 합니다. "내가 왜 돈을 벌어야 하지?", "돈 벌어서 무엇을 할 거지?" 이런 질문에 "잘 먹고 잘 살기 위해서….."라는 이유가 잘못된 것은 아니지만 그것이 정말 자신의 목표인지에 대해서는 제대로 한 번 생각해 볼 필요가 있습니다.

제 사업 이야기를 다시 해 보겠습니다. 10년 동안 사업을 하던 중에 회사 자금이 부족해져서 투자를 받으려고 투자자들 앞에서 PT를 많이 했습니다. 그때 투자자로부터 이런 질문을 받은 적이 있습니다.

"대표님은 이 사업을 왜 하셨어요?"

그 당시에 저는 대답을 제대로 하지 못했습니다. 전 속으로 이렇게 생각했습니다. '난 그냥 돈 벌려고 사업한 건데, 돈 많이 벌어서 건

물주 되고 싶어서 시작했는데…' 그런데 이 말을 투자자에게 할 수는 없었습니다.

그때부터 고민을 하기 시작했습니다. '난 이 일을 왜 하는 거지?', '누가 물어보면 뭐라고 대답해야 하지?' 그러면서 제 머릿속의 생각을 개조하기 시작했습니다. 생각을 바꾸자 돈에 대한 철학도 생기게 되었고, 그 이후에 투자유치도 성공하게 되었습니다. 저는 화장품 브랜드를 런칭하여 해외 20여 개국에 수출도 하고, 국내 홈쇼핑을 런칭하면서 투자유치도 받고, 상장사와 인수합병하면서 제 지분을 모두 매각했습니다. 그 결과 큰돈은 아니지만 돈을 좀 벌게 되었습니다. 이런 과정을 통해 사업하는 목적을 단순히 돈 버는 것을 넘어 가치 있는 것에서 찾으려고 고민하게 된 건 정말 값진 경험이었습니다.

가치 있는 것이란 바로 이런 것입니다. '내가 만든 화장품을 전 세계에 수출하면서 한국을 알리고 우리나라의 이미지를 더 좋게 만드는 데 일조하고 싶다.' 즉 '뷰티로 대한민국을 세계에 더 알리고 대한민국의 이미지를 드높인다.' 이렇게 회사의 비전과 미션을 정립하자 돈에 대한 생각도 바뀌게 되었습니다.

'돈은 그냥 결과로 따라오는 것입니다.'

돈에 대한 생각, 돈 버는 그릇의 크기를 키워야 돈을 더 많이 벌 수 있습니다. 주식 투자도 마찬가지입니다. 돈을 벌기 위해 주식 투자를 하면 안 됩니다. 돈은 결과로 따라오게 해야 합니다.

제가 주식 투자를 하는 이유는 다음과 같습니다. 세상을 이롭게 만들어 줄 수 있는 위대한 기업에 작은 돈이지만 나도 투자를 해서,

세상을 행복하고 이롭게 만드는 데 일조를 하고 싶기 때문입니다. 그래서 그런 기업을 찾아서 투자를 하고, 그 기업이 성장하는 것을 지켜보면서 결과적으로 그 기업과 함께 돈을 벌게 될 것이란 믿음이 있습니다.

'투자'라는 단어에 대해서 사전을 찾아보면 다음과 같습니다. '이익을 얻기 위하여 어떤 일이나 사업에 자본을 대거나 시간이나 정성을 쏟음.' 우리가 어떤 것에 투자한다는 말을 사용할 때 궁극적인 목적은 이익을 얻기 위해서입니다.

여러분은 이익을 얻기 위해서 어떻게 시간과 정성을 쏟고 있나요? 회사를 다니는 직장인은 성공하기 위해서 자기계발에 투자합니다. 아침에 일찍 일어나서 어학원에 가서 영어 공부도 하고, 성공을 위해서 지금 현재의 나에게 투자를 합니다. 내 몸을 쓰고 시간을 쓰고 돈을 씁니다.

그렇다면 주식 투자를 하는 데에는 어떻게 내 몸을 쓰고 시간을 쓰고 돈을 써야 할까요? 여러분은 얼마나 많은 노력과 시간을 사용하고 있나요? 주식으로 돈을 벌려고 하면서 공부하기는 싫다면 절대 돈을 벌 수 없습니다.

한국인이 가장 많이 투자한 기업 중 하나인 테슬라를 예로 들어 보겠습니다. 테슬라에 투자하고 싶다면 전기자동차나 자율주행, 배터리에 대한 기술적인 부분에 대해 공부하고 관련 분야에 대한 이해도가 있어야 합니다. 전기자동차, 자율주행, 배터리 기술 개발을 하는 기업으로는 어떤 곳들이 있는지, 어떤 것들을 개발하고 있는지도 공부해야 합니다.

예를 들어, 전기자동차 원가의 가장 큰 비중을 차지하는 배터리의 구성요소는 양극·음극·전해질·분리막이 있는데, 각각 어떤 기술이나 원료가 사용되는지, 어떤 문제가 있는지, 문제가 개선되려면 어떤 기술 개발이 되어야 하는지 등에 대해 공부해야 합니다. 또한 전기자동차, 배터리 기업들의 경쟁 관계가 어떻게 되는지도 분석해 보면서 테슬라가 어떤 면에서 경쟁 기업보다 뛰어난지 검토하는 과정이 필요합니다. 그 밖에 앞으로 시장 규모가 얼마나 커질지, 수치화된 자료가 있다면 그것을 보고 내가 투자하는 기업이 그 시장에서 점유율을 얼마나 가져갈지, 그에 따른 매출 규모는 얼마나 되고, 이익은 얼마나 낼 수 있을지도 공부해야 합니다. 경제 공부나 금융 공부까지 하는 게 시간이 부족해서 힘들다면, 이렇게 투자할 기업만이라도 제대로 분석하고 투자해야 합니다.

다른 예를 들어 보겠습니다. 회사를 그만두고 치킨집을 오픈한다고 가정해 보면, 아마도 치킨을 맛있게 만드는 방법에 대해 먼저 공부할 것입니다. 치킨을 맛있게 먹을 수 있는 기름의 적정 온도는 몇 도인지, 몇 분간 튀겨야 하는지, 그리고 튀김옷 반죽은 어떻게 하는지, 양념은 어떻게 만드는지, 이런 기본적인 것들을 공부하며 치킨집 오픈을 준비할 것입니다.

치킨집을 오픈해서 돈 버는 것과 주식 투자로 돈 버는 것은 돈 버는 행위만 다를 뿐 결국 돈을 벌기 위한 목적은 같습니다. 여러분은 주식 투자를 위해서 어떤 공부를 하고, 얼마나 많은 시간을 투자했나요? 어떤 기업에 투자를 결정하기 위해서 고민하고 공부하는 시간이 치킨집 오픈을 준비하며 맛있는 치킨을 만들기 위해서 공부하는 시간 정도는 되어야 합니다.

그동안 유튜브 채널을 운영하며 구독자들과 소통하면서 느낀 점은 주식 투자를 처음 하는 초보자들은 공부를 하지 않는 게 아니라 뭐부터 공부해야 할지 몰라서 못하는 사람이 많다는 것입니다. 내가 뭘 모르는지, 뭘 알아야 하는지 모르니 공부를 하지 못했던 것일 뿐입니다. 주식 공부는 절대 어려운 게 아닙니다. 저와 함께 차근차근 공부하면 누구라도 쉽게 이해할 수 있습니다. 미주부 유튜브 채널의 존재 이유는 혼자 공부하면 어렵고 힘드니, 같이 공부해서 같이 부자가 되자는 것입니다.

믿을 건 자기 자신밖에 없습니다. 전문가의 말도, 저를 포함한 유튜버의 말도, 그 누구의 말도 믿지 말고 내가 공부해서 판단할 수 있는 능력을 키워야 합니다. 특히 주식 투자를 할 때는 나만의 돈에 대한 철학이 있어야 한다는 점을 다시 한 번 말씀드립니다.